アメリカ女子教育の黎明期

共和国と家庭のあいだで

鶴見大学比較文化研究所
鈴木周太郎 Shutaro Suzuki

表紙図

Frank McKernan, *The Making of the First American Flag*

The Ladie's Home Journal, July 1908, 21

扉図

Louise D. Mitchell, "Talk on Married Life" の挿絵（作者不詳）

The Ladies' World, September 1909, 14

目次

はじめに　新たな共和国、新たな教育

アメリカ合衆国の独立と教育

フレンチ・インディアン戦争が終結した一七六三年以降、イギリスは北米植民地に対して課税を強化するなど、植民地支配のあり方を大きく転換した。こうして北米植民地とイギリス本国との関係は悪化し、一七七五年にはレキシントンとコンコードでの戦いによって独立戦争が始まった。このアメリカ独立に至る一連の流れは、今日「アメリカ革命」と呼ばれるほど、この地域の様々な仕組みや考え方を劇的に変動させていった。そのなかでも、教育に対する人々の考え方の変化は、後のアメリカの歴史を見ていくと、大変重要なものであったことがわかる。

アメリカ合衆国の独立以降、教育は新たな国家建設のなかでとても重要なものと位置づけられていた。新しい共和国を築くにあたって、その構成員である市民の養成のあり方が議論となったのである。教育を授ける生徒の範囲はどこまでなのか。彼らは何を学ぶべきなのか。彼らは将来どのような人物となり、どのような仕事につくと想定されるのか。このような教育についての議論が、日々新聞、雑誌、パンフレットなどで繰り広げられ、多くの市民も関心を寄せた。それは知識を学ぶ・授けることの是非を超え、国家とはどうあるべきか、市民とはどのような存在であるのかについての議論に通じるものであった。

「建国の父」と呼ばれるアメリカ独立の貢献者のなかでも、トマス・ジェファソンは最も熱心な教育推進論者の一人だった。そのことはジェファソンによって書かれた「知識の一般普及に関する法案」を見てもわかる。いまだ独立戦争の最中にあった一七七九年に、ヴァージニア・ステートの知事であったジェファソンが、ステート内に学校制度を導入するために議会に提出した「知識の一般普及に関する法案」の冒頭で、彼は「最良と思われる体制下にあっても、ひとたび権力を委ねられれば、次第に人は暴政へと堕落してしまうもの」であり、「これを防ぐ最も効果的な手段は、人々の精神をできるだけ現実的に教化することである」と主張した(1)。このように、ジェファソンにとって教育は国づくりに密接に関わるものであった。彼の国家観は、権力の腐敗を監視することができる公徳心ある人々が国を構成するという「共和国思想」に基づくものだった。共和国を構成する市民は教育によってつくられるものだという信念が建国当時にはあった。「徳」や「公共善」というものは、人が生来持ち合わせているものというよりは、育て上げなければいけないものと考えられていた。そのためには共和国の構成員が教育の無い愚かな人々であってはならない。人々の知性や徳性の向上のために、彼はヴァージニア内に教育機関を整備するための法案を提出した。

　彼は、出自によって人々の教育水準の差が広がるのは好ましいことではないと考えた。そこで、ジェファソンはこの法案で、一部のエリートたちのみが教育を受ける特権を持つべきではないと主張した。なぜなら「数多くの人々が貧困ゆえに教育を受ける機会から金銭的に遠ざけられており、そういった子どもたちのなかには、公共のために有用な存在へと育成、配置されるべき才能を持つもの」もいるのであるから、教育はすべての人々に行きとどくべきものなのだ。すべての人々に教育を受ける環境を用意するという彼の理念の実現のために、この法案では学区や教職員について具体的な計画が立てられていた。また、教えられる科目についても「読み」「書き」「算術」が挙げられ、読み方を教える教材は歴史を学ぶことができるものが望ましいという記述まであった。

ジェファソンの「知識の一般普及に関する法案」は、提出されたのが独立戦争の最中であったということもあり、ヴァージニア議会で議論されることもなく留めおかれたままになってしまう。しかしそれ以降も彼はヴァージニアにおける教育の普及には熱心であり続けた。例えば彼がフランスの友人のために書いた『ヴァージニア覚書』においても、自身の教育プランが披露されている。ここで彼は「政府に及ぼす影響力は、民衆すべてに配分されるべきである」という国家観を持ち出し、このことを怠ったイギリスは堕落したと主張した。そしてそれを実現するためには、ステートのすべての子どもたちが皆読み書き算術を教えられているという環境が必要であると論じた。ジェファソンの、学校には「将来の秩序の主要な要素」があるという前提をみてとれる。その後、彼のヴァージニアでの教育の普及への尽力は一八〇一年の大統領就任によって中断を余儀なくされる。しかし大統領辞任後に再び着手し、一八一〇年代には貧困児童のための基金やヴァージニア大学の設立に貢献した。

また建国期の教育には、反英運動とそれにともなう独立戦争によって生まれた「アメリカ人」としての連帯を後世に再生産していくという役割も期待されていた。ペンシルヴァニアの科学者・教育者であったベンジャミン・ラッシュは『ペンシルヴァニアにおける公立学校の設立と知識の普及のための計画』（一七八六年）において、「教育のあり方をわれわれの政府の特徴的な形に適合させる」必要性を説いた。彼によれば「愛国心の原理」は、まだ若いうちに教育によって植えつけられる「先入観」によって補強されることが必要である。つまり「アメリカ人」的連帯の再生産という機能を持つものとして教育を捉えているのだ。彼は、「普遍的で単一な教育制度をつくり出すことによって民衆をより均質にし、それゆえに民衆を単一で平和な政府により容易に適合させる」と考えていた。

ジェファソンやラッシュの教育論に明らかなように、建国期アメリカの教育は、多分に政治的意味合いを帯びたものであり、統治者側の主張する教育推進論を検討する際にはその「政治性」を強く意識する必要がある。

女子教育の新時代

建国期は、女子教育についての議論が活発になされ、実際にいくつかの女子学校がつくられた時代でもあった。もちろんそれ以前の植民地期においても女性に教育を受ける機会がなかったわけではない。ただしそれらは、家庭内教育やコミュニティ内の小規模なものに限られており、そこで教えられる内容も英語の読み書きや裁縫のような限られたものが中心であった。それに対し、一八世紀後半には中等教育機関を含めた数多くの女性を対象にした学校が見受けられるようになった。第一章でとりあげるヤング・レディズ・アカデミー・オブ・フィラデルフィアはその代表的な例だ。教育のなかでも特に女子教育は、建国期を境に大きな変化があったといえる。

なぜ建国期に女子教育の必要性が声高に主張されるようになったのであろうか。もちろん前述したように新たな共和国の構成員を再生産するために教育が注目されるようになったことや、ヨーロッパから啓蒙主義的な思想が伝播してきたことなど様々な要因が考えられる。しかし、それだけでは男性だけでなく女性にも教育を授けることが盛んに議論され始めたことを説明しきれない。それまで「無駄」であるとか、時には社会にとって「害」であるとすら考えられてきた女子教育が急激に社会のなかで受け入れられるようになった背景として、独立戦争への女性の貢献を考えないわけにはいかない。

アメリカの女性は、一七七五年に始まった独立戦争とそれに先立つ反英運動を通して、それまでにはない形で公的な存在としての意味を与えられた。それは植民地期の社会へのかかわり方とは異なるものであった。建国期に女性の立場が大きく変化した背景として、産業化が家内労働の質を再構成し、家事という枠を侵食し始めたことに注目する必要がある。しかしこの時期に女性が新たな社会的評価を与えられた要因としてそれ以上に注目すべきは、イギリス本国との関係が悪化した時期から独立戦争にかけてのいわゆる「銃後の女性」としての役割である。

　北米植民地の反英感情が悪化した主要な要因として、イギリス本国による課税強化があったことは前述のとおりである。特に一七六七年のタウンゼント諸法は輸入茶への課税を含む新たな植民地徴税体制を打ち出したものであった。そのため、北米植民地では「ボストン茶会事件」（一七七三年）に代表されるようなイギリス商品に対するボイコット運動の機運が盛り上がることになった。茶などに代表されるイギリス本国からの輸入商品をボイコットするには、家庭における消費者ないし生産者としての女性の協力が絶対に必要であった。輸入茶の代わりにハーブティーやコーヒーを飲み、周囲にもそれを呼びかけるなど、消費という行為にイギリスに対する抗議とアメリカという土地への愛という意味が与えられるようになった。ボイコットという行動を通して女性たちは初めて公的な問題にふれることができたのである。また、イギリスの商品が輸入されないということは、アメリカのなかで自給自足をしなければならないということであり、その時に家庭での女性の役割が重要となってくる。特にスピニング・ビーと呼ばれる、自家製の糸を紡ぐための寄り合いは、女性たちによる反英活動として社会のなかで重要な意味を持つことになった。

　そして実際に戦争が始まると、愛国派の女性たちの公的な役割は一層多岐に渡ることになった。そのような女性のなかには、デボラ・サンプソンのように男装をして武器を取り戦争に加わった者もいた。しかし、多くの女性の戦争へのかかわりはより間接的なものであった。彼女たちは男性が戦争に行ってしまった銃後の家庭をしっかり守った。また、なかには戦争に必要な資金のために寄付金を集める活動をおこなう女性たちもいた。興味深いことに、彼女らは集めた寄付金をジョージ・ワシントン司令官に送ったときに、武器ではなく衣服をつくるために使って欲しいと要請した。戦争のための寄付金集めという公的な活動に、衣服を用意するという女性的・家庭的な意味を持たせようとした彼女らの思いは、本書でこれから見ていく女子教育の歴史と密接に結びつくものである。

以上のように、アメリカ独立までの過程で、女性の活動や役割に公的な意味が付与されるようになった。男性はそのような女性の役割に対して強い関心を示し、その能力を高く評価するようになり、また女性も自分の能力に自信を持つようになった。アメリカで女子教育がにわかに議論されるようになったのが、独立を果たした一七八〇年代であることは重要である。独立に至るこの時代に新たな公的領域の一員になりつつあった女性を、教育を通してどのようにつくりあげていくかという問題は、統治者側の当然の関心事となった。それゆえ建国期には女子教育が盛んに論じられ、実際にいくつかの女性のための学校が生まれ始めた。先にとりあげたジェファソンによる「知識の一般普及に関する法案」では、「読み」「書き」「算術」などを教える初等学校には、学区内のすべての自由民の子どもは男女とも無料で入学する資格を持っていた。ジェファソンの教育計画において、成績優秀な生徒が進学する「グラマースクール」を男子限定として、そこで「ラテン語」「ギリシャ語」「高等数学」といったより高度な科目を教えることによって男女は区別されていた事実も見逃せないが、それでも男女が同じ初等学校で無料で学ぶことができるという彼の発想は画期的なものであった。このように、女子教育推進論や学校教育の現場で論じられてきた、女性に求められる新たな公的な役割をみることは、建国期の新たな「公共性」の全体像を把握する手がかりになる。

本書の目的

初期アメリカの女子教育については、二〇世紀初頭のトーマス・ウッディによる『アメリカにおける女子教育の歴史』以来、数多くの研究がなされてきた。特に二〇世紀後半に入ると、女子教育のなかに男性社会の都合や新たな性差別が再生産される過程を見出すナンシー・コットによる研究や、「共和国の母」イデオロギーという視角を用いて建国期女子教育のなかからむしろ肯定的な可能性を探るリンダ・カーバーによる成果など、様々な検討がされてきた。二一世紀に入ってからも、マーガレット・ナッシュやメアリー・ケリーらによって、女性の政治的・経済的活動への関与や関心に注目し、そのような活動を促すものとして女子教育を検討する新たな試みが始まっている。

これらの研究を踏まえつつ、本書は「家庭性」を軸に女性を対象とした学校を考察することによって、アメリカにおける女子教育の黎明期としての初期アメリカという時代の重要性について再考する。前述のように、イギリスとの緊張関係とそれに続く独立戦争のなかでの活動を通して、女性たちは初めて反英という公的な問題に触れることができた。そのような活動を続けるなかで、女性たちも自分の能力に自信を持つようになり、「独立」や「自立」が女性たちにとってもキーワードとなった。しかしその一方で、この時代に盛り上がった女子教育は、女性の持つ「家庭性」を強調するものが多いのも事実である。この時代の教育論を見ると、教育によって得られる「知」が将来役に立つのかどうかが重要な意味を持っていた。女子教育においても同様に教育の「有用性」が強調されたが、女子生徒たちには経済活動に直接関わるような教育は想定されなかった。女子教育における「有用」な教育とは、娘・妻・母として家庭のなかで男性の経済活動を支えるために役に立つ教育を意味していた。しかし「家庭」という私的空間内での活動のための教育であっても、その教育は共和国の維持・発展と結びつけられて語られた。そして娘・妻・母としての役割がいかに社会に大きな影響を与えるものであるのかが強調された。

女子教育における「家庭性」と「公共性」は一見相反するもののように見えるが、実は併存することが可能なものであったといえる。女性独自の美徳を発揮するために彼女らは教育を受けることが必要であったのだし、有用な知識や技能を得て自立することは女性の卓越性を家庭で発揮することに繋がった。

このようにアメリカ女子教育の黎明期に「家庭性」を軸に女子教育のあり方が確立されていく様子を明らかにしていくために、本書は初期アメリカの東海岸に存在した三つの女子教育機関と、そこでの教育に関わった人々について時代を追いながら考察していく。一つ目は一七八〇年代に設立され、一九世紀初頭まで存続したヤング・レディズ・アカデミー・オブ・フィラデルフィアである。この学校が今日の女子教育史研究において重要なのは、教育者と女子生徒による大部の演説集が残されているからであるが、本書では特に教育者と生徒の教育観のずれについて注目する。二つ目は一七九〇年代末からボストンとその近郊で開かれた、スザンナ・ローソンによるアカデミーである。イギリスからやってきた著名な作家であるローソンは、フィラデルフィアやボストンにおいて演劇の世界で活躍した後、教育者に転身する。ここでは彼女のフィラデルフィア時代の劇である『アルジェの奴隷』と、自身のアカデミーにおける教育を比較する。三つ目は一八二〇年代にエマ・ウィラードによってニューヨーク州トロイに設立されたトロイ女子セミナリーである。ウィラードによるこのセミナリーは、一九世紀における女子のための学校教育のあり方を規定した主要な学校の一つであるが、本書では特に女性の「家庭性」が女子教育の基幹に据えられつつ、女性を教師として育成するための教育のあり方の根拠となっていったことを重視する。また、ウィラードと同時代のもう一人の教育者、キャサリン・ビーチャーについても、あわせて検討する。これらの三つの教育機関とそれらにまつわる人物について考察する章の合間に、コラムというかたちで初期アメリカの女子教育を考えるうえで忘れてはいけない三人の人物についても紹介する。

学校教育というシステムがアメリカ各地で未整備な状態であり公的な財源を教育にあてることに反論も多く、特にそのなかに女子を組みこむことに抵抗が多かった初期アメリカに着目することで、この時代の女子教育を考えることがアメリカ教育史およびジェンダー史においていかに重要であるのかを明らかにしていく。それでは、様々な女性性や女性観が初期アメリカの女子教育において共存していたなかで、「家庭性」が立ち上がっていく様子を見ていこう。

コラム1 ベンジャミン・ラッシュ

ベンジャミン・ラッシュ（一七四六―一八一三）は建国期アメリカを代表する科学者であり、一七七六年に大陸会議によって採択された独立宣言にペンシルヴァニア代表として署名したことでもその名を残している。

本書のはじめにで述べたように、彼はアメリカにおける公教育および女子教育の推進論者としても主要な人物である。一七八六年の『ペンシルヴァニアにおける公立学校の設立と知識の普及のための計画』でラッシュは、すべての人が無料で受けられる公教育システムの必要性を、その有用性という観点から解いた。この時代の公教育推進論者のなかでラッシュが特異なのは、その「すべての人」のなかに明確に女性を含めたことであった。彼は、女子が「あらゆる教育計画のなかに組み込まれる必要がある」と主張した。男女が全く同じカリキュラムで教育を受けるべきとは考えていなかったようだが、女子も自由の理念を学ぶ必要があると主張するなど、女子教育についてのかなり踏み込んだ記述をしている。ラッシュは結婚を人生の目標と考え男性に気に入られることばかりを考える女性のあり方に否定的な教育者であった。ラッシュは若い女性たちにこのように語りかける。

私は時として、女性のあのばかげた高価な服装が発明されたのは、女性の精神向上の欲求をそらし、それゆえに恣意的なものでありながらゆるぎないものになってしまっている彼女らに対する権威を確実なものにしようという、男性の思惑によるものだと思えてならなくなります。皆様、この間違いを正すのは皆様方の力です。そして、女性の気質は理性にのみ支配され、女性の理性が教化されうるということは自然の秩序や私的公的な幸福と同様明らかなことだということを実践しようではありませんか。（Benjamin Rush, *Thoughts upon Female Education*, 1787, p.24）

ベンジャミン・ラッシュ

ラッシュにとって、女性を結婚市場に縛られた状態から解放するために重要なのは教育であった。

『ペンシルヴァニアにおける公立学校の設立と知識の普及のための計画』の一年後、『女子教育に関する考察』においてラッシュは女子教育についてより詳しくその主張を展開している。ここでラッシュは、まずアメリカの特殊性についての議論から始める。ラッシュの考えるアメリカの女性の特殊性とは以下の五点である。一つ目として、アメリカの女性はヨーロッパと比べて若いうちに結婚するから、教育に費やすことができる期間は短くなってしまう。そのため教育はより有用なものを厳選して効率良くされなければいけない。二つ目として、アメリカの大部分の市民は職人や農夫に代表されるように独立自営の労働形態であるから、そういった労働に対する「男性の執事であり後見人としての」女性の助けが必要であり、女性はそういった労働のための技術を教育によって得なければならない。三つ目として、男性は過酷な労働のもとにさらされている以上、子育てに時間を割くことはできない。そのため女性は「母」として子どもたちに教えなければならないことを、教育を通して身につけなければならない。四つ目として、アメリカではすべての市民が平等に自由を手にしているのだから、女性は自由や政府といった概念を子どもたちに教えなければならない。五つ目として、アメリカではイギリスに比べて使用人という職業があまり存在していないので、女性は家庭内での雑事に対する知識をより多く持ち合わせなければいけない。

このようなアメリカの特殊性からラッシュが引きだした女子教育の特徴とは、多分に実用主義的なものであり、家庭に根ざしたものだった。こうした理念に基づき、彼はアメリカにおいて女性が学ぶべき科目を九つあげている。一つ目は英語の知識であり、これには読み、書き、会話、正確なスペルも含まれる。これらの学習を円滑に行うために、文法を学び、会話を通して活用する訓練が必須であった。二つ目は正しく読みやすい字を書く習練である。そのためにはすべてのアルファベットを正確に書くだけではなく、句読点の正しい使い方も習わなければいけない。ラッシュはここで、字が汚すぎるために誰から送られてきたのかもわからない手紙が届いたという自身のエピソードを披露して、読みやすい字を書くことの大切さを強調した。三つ目は計算・簿記の技術である。この技術は特にこの国の若い女性にとっては必要であった。なぜなら彼女らは夫の仕事や農業を助けなければいけないからだ。また、ラッシュは夫が死んだ時に遺言執行者としてこの技術が必要になるとも付け加えている。四つ目は地理や年記についての知識である。この知識を得ることによって歴史の本や伝記や旅行記を読むことができる。これはただ女性の知的好奇心を満たすためだけではなく、男性の良き伴侶となるためにも必要であるとラッシュは主張する。また、これらの知識を足がかりとして、天文学や自然科学を学ぶ素養も身につけることができ、それは迷信や自然災害から身を守ることにも繋がる。五つ目は声楽である。これは教会の礼拝で聖歌を歌うためにも学ぶべきものである。また、歌唱は夫の悩みやいらだち、子育ての煩わしさなどから乱れがちな心の平静を落ち着かせる効果もあるし、肺を鍛えることによって健康のためにも良い。六つ目はダンスで、歌唱と同様にダンスは公共の催し物のためにアメリカの女性にとっては必須であるし、体型を維持し関節を柔らかくするので健康にも良い。ただしラッシュは、本来ダンスは人々が集まった時にみんなで楽しむものであるのに、近年はそういう場で飲酒や賭け事が横行しているのは恥ずべき事態であると苦言を呈している。七つ目は歴史や旅行記や詩や道徳的なエッセイを読むことである。これらから得られる知識は、自分の住んでいる地域に順応するためにも必要である。ここで興味深いのは、これらの読み物を楽しむという習慣が「小説を読みたい衝動を抑える」ためにも有益だとラッシュが書いている点である。この時代のアメリカにはつくり話を楽しむのは望ましくない習慣だという考え方があったが、ラッシュも小説に込められた過度な愛や嫉妬や欲望や復讐をアメリカの社会に持ち込むことを憂慮している。八つ目はキリスト教である。ラッシュはここまで挙げてきた項目をキリスト教的秩序と結びつけることが何より大事であると主張した。彼によると聖書はこの時代の学校で次第に使われなくなってきていたが、聖書を毎日読み、その内容について質疑応答をすることが若者にとって必要であると論じた。それに加えて、彼は「女性の心はクリスチャニティを育む天性の土壌である」として、キリスト教について学ぶことは女性にとって不可欠なことだと強調した。ラッシュはこの時代きっての科学者であったが、科学と宗教とは相容れないという意見に異を唱えた。彼にとってはどちらも「真実」を追究するものであり、その真実を追究するという姿勢が人間にとって必要なもの。九つ目としてラッシュは宗教的・道徳的な「規律」の感覚を学校で学ぶ必要性を説く。

ラッシュが提示した教科はとても具体的だ。この九つの要素を見ると、有用で実用的な「知」を厳選して教えなければいけないというラッシュの信念がわかる。そして彼が考える女性にとって必要な「知」とは、家庭に密接に結びついたものであった。(2) またラッシュの、単に教科を教えるだけではなく、生徒たちに「規律」を植えつけるという感覚も特徴的である。こうした「規律」の意識は単に教育を受けるためだけでなく、子どもに対する「教育者」としての側面をもつ女性にとってなくてはならないものと考えられていた。

ラッシュが女子学生のための「化学」の授業を担当した記録（シラバス）が残っている。その講義においてラッシュは「塩」「土」「可燃物」「金属」「水」「空気」といった世界を構成する基本的な要素についての解説に数回を費やした後、その応用の授業をおこなった。それは例えば「家を夏に涼しく冬に暖かくする方法」「肉を調理するための様々な方法」「果物の保存のしかた」のような、およそ科学者による講義とは思えないものであった。女性が学ぶべき知識は家庭と密接に結びつくものでなければならないという彼の信念が、化学の授業を家庭で役立つ実用的なものにさせたのだろう。アメリカの社会の構成員として有益な女性とはどのようなものか、そのために有益な教育とはどのようなものかが検討され、そこでは「家庭」が重要なキーワードとなっているのだ。

第1章　ヤング・レディズ・アカデミー・オブ・フィラデルフィア

一八〇一年三月、週刊紙『フィラデルフィア・レポジトリー』にとある投書が載せられた。娘を持つ父親である投稿者は、以前に同紙に載っていたヤング・レディズ・アカデミー・オブ・フィラデルフィアの学長、ジェームズ・ニールの演説に大変な感銘を受けて筆をとったという。彼は言う。もう娘たちに読み書きさえ教えていればいい時代ではないのだ。時代は進歩している。女性にとって本当に有用なものを学ぶ機会を彼女らは欲し、父親にそれを強く求めている。そんな時代なのだと。

このアカデミーが開校した一七八〇年代末、教育者たちは女子が学校に通い学ぶことに対する人々の抵抗に対して戦わなければならなかった。それから十数年後、この父親の時代には女子も学校に通って学ぶことが当たり前の時代になっていたことが、この投書からわかる。問題はその学校で教えられる教育の内容であった。それでは、この父親の言う女子にとって「有用な教育」とは、どのようなものだったのであろうか。

女性のための中等教育機関

アメリカにおいて女子教育を含めた教育に関する議論が最も活発に展開されたのは、中部大西洋岸の都市フィラデルフィアであった。フィラデルフィアはワシントンDCが作られるまでの間、一七九〇年から一八〇〇年にかけて合衆国の首都として政治の中心の役割を担っていた。この時代随一の港町でもあったフィラデルフィアは、イギリスやフランスから教育に関する文献が集められてくる場であった。また、この街には数多くの出版業者が集まっており、一八世紀末には多くのパンフレットや雑誌を自前で印刷できるようになっていたため、この都市に流通する教育についての文献はさらに多くなっていった。こうしてフィラデルフィアはアメリカの教育論争の中心地となり、「教育理論の実験場」の様相を呈していた。

このような背景からフィラデルフィアには多くの教育機関が設立された。その中の一つに、建国期の女子教育を検討する上で非常に重要なヤング・レディズ・アカデミー・オブ・フィラデルフィア（以下ＹＬＡＰ）がある。この学校はマサチューセッツ出身の教育者ジョン・プアによって一七八七年に設立された「おそらく世界でも初めての」女性のための中等教育機関である。その後一七九二年にペンシルヴァニア州議会によって可決された「フィラデルフィア市における女子生徒の教育のためのアカデミーにおける評議会結成についての法」によって認可を受けると、一八二九年に至るまで、ペンシルヴァニア州政府によって認可された唯一の女性のための学校であった。この学校は当時のアメリカの女子学校の中でも屈指の教育水準を誇っていたようで、コ

YLAP があったフィラデルフィアのチェリー・ストリート（3rd & 4th St）の現在の様子

ネチカット州ニューヘイブンにあった女子学校のウィリアム・ウッドブリッジという教師がＹＬＡＰを視察して、その優れた教育成果に驚嘆したという記録が残されている。運営はジョン・プアのもと数名の役員によってなされていたが、彼らは学者や法律家や実業家であり、ペンシルヴァニア大学の役員や教職の者もいて、全員男性だった。一七八八年の時点では生徒は百名程度在籍し、彼女らの出身はフィラデルフィア近郊のみならず、フロリダ、ジョージア、カロライナ、ヴァージニア、メリーランド、デラウェア、ニュージャージー、ニューヨーク、コネチカット、ロードアイランド、マサチューセッツ、メイン、ノバスコシア、カナダ、西インド諸島など広範囲であった。また、この学校はどの宗派にも属さないことを特徴としていた。ＹＬＡＰは寮制ではなく、大半を占めた地元の生徒たちは自身の家族の元から通った。また、地方出身の生徒たちはフィラデルフィアに住む自分の家族の親戚や友人の家から通学していた。

この学校では年二回の定期試験の後、著名な知識人や学者を招いて演説会を開催したり、成績優秀な生徒に代表挨拶をさせたりしていたのだが、そういったスピーチは記録され出版されている。そのなかで最も規模の大きいものが、一七九四年に出版された『ヤング・レディズ・アカデミーの誕生と発展』（以下『誕生と発展』）である。この一一九ページに及ぶ冊子には、一七八七年一二月から一七九四年三月にかけて訪れた客員教員や、役員会出席者、教科ごとの成績優秀者等の名前が記されているとともに、その来賓や教員の演説や成績優秀者による挨拶や詩歌が多数収録されている。また、当時出版された女子教育擁護のためのパンフレットの多くはこのＹＬＡＰでの演説がもとになっていた。

『誕生と発展』に年二回発表される成績優秀者が記録されているので、この学校で教えられていた教科を知ることができる。例えば一七八七年一二月にはサリー・ウィリアムスが「読み」、エリザ・ウォレスが「つづり」、マリア・モールダーが「算術」、マリア・ルーケンズが「ライティング」、リディア・ウォリスが「英文法」、アン・スミスが「地理」の主席として表彰された。翌年以降、学生は習熟度に応じて三つにクラス分けをされ、最上級のクラスからは前述の科目に加えて新たに「作文」の成績優秀者が表彰されて、その作品が『誕生と発展』に収録されるようになった。それに加えて一七八九年からは「礼儀作法」、一七九〇年からは「修辞学」も学期末試験に加えられた。また、最上級のクラスの成績優秀者のなかから、教員の協議を経て学位を授与するという制度が始まり、一七九〇年九月には五人が学位を取得した。

『誕生と発展』には、それまでは不要のものと考えられてきた女子教育が実はとても重要なものであると説くレトリックや、教育を受けた女性がいかにして社会に貢献するのかというヴィジョンや、具体的に教えられるべき教科についての演説を見ることができる。その女子教育擁護の論理は決して一貫したものではなく、例えば啓蒙思想的な説明、キリスト教的な説明、愛国主義的な説明、より経済的な利害に訴える説明など様々である。しかしそうした多様な論理は、それぞれ女子教育の普及というひとつの目的からなされたものであり、この演説集を見ることによってアメリカ社会が女子教育の推進へと動いた様々な要因を把握することができる。次節からはＹＬＡＰにおいて教育者や女性たちによって展開された女子教育論を詳しく検討していく。

家庭との繋がり

植民地期の人々にとって、女性を教育することは無駄であるばかりでなく、害を及ぼすだけのものとして考えられていた。建国期の女子教育擁護者がまずしなければならなかったのは、こうした誤解や先入観を解くことであった。女子教育が「無駄」であるという考え、すなわち女性は男性よりも劣った存在であるのだから、女性を教育したとしても目立った成果をあげることはできないという意識は、反英運動と独立戦争のときに果たした女性の多大な貢献を前にしては、すでにそれほど説得力のあるものではなくなっていた。そのため、女子教育の擁護者は、そういった偏見をただ単に「偏見である」と言うだけでよかった。例えば一七八九年にYLAPの学長であったジェームズ・スプロートは、アメリカ建国の過程で「多くの尊敬すべき市民」を見届けてきたが、「私たちがこういった尊敬すべき人々を想定するときに、そこに若い両方の性を並べていることに満足している」と発言し、女性の精神は大幅な向上が可能であり、またそうした向上が許されるべきであると主張した。スプロートによれば、そもそも以前から高い教養を持っていた男性は家庭で娘に高い教育を授けていたのであって、このアカデミーはそれを学校で実践するという試みの場であったのだ。

一方、女子教育が「無駄」であるという考えに対する批判に比べて、女子教育が「害」であるという考えに対する反論には教育の擁護者たちはより慎重に説明しなければならなかった。特に女性を学校に通わせることに対して抵抗を感じる人々がこの時代にはかなり存在していた。両親から離れた場所で同年代の若い女性が集団でいることによって、女生徒たちが悪影響を及ぼしあうことを恐れたのである。こういった女子教育に否定的な考え方を持つ人々をどのように説得するのかが、教育者たちの重要な課題であった。

YLAPの教育者たちはそういった考えを持った人々に対し演説で説得した。サミュエル・マゴーは一七八七年の演説において、女性のための公的教育機関に対して反対の声が挙がっていることを認めつつ、学校教育の必要性を説いた。マゴーによれば反対者は、「大勢の人数がいる場所では、誰かによって虚栄心や悪徳が持ち込まれがちであり、それは伝染病のようにあっという間に広がる」のだから、個人授業こそ女子生徒にとって適切であると主張していた。女性が集団でいると悪影響を受けるというこうした考えに対して、マゴーは家庭との繋がりさえ保たれていればそのような心配はいらないと主張する。すなわち「母の導き」と「父の保護」という親のやさしい眼差しから遠くへ離しさえしなければ、女性は堕落することはないと説明するのである。ＹＬＡＰは生徒に家庭から通学させることを義務とし、遠くの地方から来る生徒にも親戚や友人の家庭から通わせたのは、こうした女子学校への批判をかわすという目的があったのであろう。

こうした特徴は一七八八年にジョセフ・ピルモアがこの学校を訪れおこなった「女子教育の重要性に関する演説」の以下の部分からもわかる。

最も恐るべき危険とは、愛情深く信仰心のある母がやさしい眼差しで見守り、分別のある父に保護されているような状態から娘さんがはるか遠くに離されている状態です。公教育はそういう事態を避けることによって初めてその栄誉と利点を効果的かつ永続的に保証されるのです。（Joseph Pilmore, *An Address on the Importance of Female Education*, 1788, p. 3 ）

この演説は娘を学校に通わせることに対して不安を感じている父母たちを説得する内容を持っており、公教育を通して女性を育てようとするＹＬＡＰ側の苦労が、家庭との繋がりを保ちつづけるこうした措置からも読みとれるのである。(3)

女子教育が「無駄」でも「害」でもないとしても、建国期の市民にとっては働き手の子どもを学校に通わせるということは、さしあたっての大きな損失であった。教育者は親たちにそういった損失に目をつむらせ、将来的には女性が教育を受けることが家庭にとっても有益であることを説明する必要があった。ピルモアは前述の演説で、学校に対する家族のそういった不安を取り除くことにかなりの時間を割いた。彼は女性が教育を受けることによって得る家族の恩恵を、以下のような比喩に満ちた情緒に訴えかけるレトリックを用いて説く。

教育および信仰は我々から栄光をさえぎっていた雲を散らして輝かしい光景を開き、知と至福の追求に向けて私たちを駆り立てることでしょう。知の学び舎において、水を十分に与えている庭の植物のように、あなた方の娘さんたちはやさしく成長します。それぞれの柔らかいつぼみは穏やかに広がって香りのよい花となり、その栄光を示しながら、黄金の果実を熟させます。(Pilmore, pp. 7-8)

ここでピルモアは女子を「植物」に、知を「水」にたとえることによって、将来両親が得ることになる恩恵(「黄金の果実」)のすばらしさを強調している。同様の考え方はスプロートによる演説にも見られる。スプロートは生徒たちに向かって、あなた方の両親は「あなた方の将来の幸福と人生における有用性を」願いながら「教育に価値を見出してくださっている」のであるから、両親に感謝し卒業したら彼らに尽くさなくてはならないと訴える。教育を受けた女性が家族に与える恩恵を強調することによって両親を説得しようとするこうした論理の奥には、前述の女性は家庭から通わなければならないという考え方とともに、女性が自らの家庭とは不可分な存在であるべきであるという認識がある。

教育によって家族が得る恩恵とはどのようなものを想定していたのであろうか。演説のなかには教育を受けることによって女性が徳性の高い存在となるためといった抽象的な議論もあるが、より具体的な恩恵を指摘した教育者もいた。例えばベンジャミン・セイは一七八九年の演説において、YLAPで教えられていたそれぞれの科目を学ぶメリットについて、例えば「つづり」は読み書きを正確に行うための基礎であるから必要であるというように詳しく説明を加えた。その中でも興味深いのが、算術を学ぶ理由についての説明である。彼は数学を学ぶことによって得ることのできる計算能力・簿記能力を強調して、以下のように述べた。

> 計算がうまくなることであなたの売買を有利なものとするでしょう。こうした仕事を処理する能力は一般的に、あなた自身にとっても必要なものでしょうし、それにあなたの異性の伴侶を助けることとなります。（*The Rise and Progress of the Young Ladies Academy of Philadelphia*, 1794, p. 32)

教育をこのように説明するやり方は、職人を中心とした経済活動が盛んになった建国期都市部の社会的特徴を反映したものとして大変興味深い。このことは女性が家庭内における経済活動に組み込まれていった過程として捉えることができ、植民地期の女性には求められなかった役割を期待する建国期女子教育の新しさを示している。

いずれにせよ、女子教育を擁護する主張では妻と母は大抵並べられて登場し、それらをひっくるめた「家庭をつかさどる存在」としての女性をどのようにしてつくりあげるのかが教育者にとっての女子教育の大きな使命であった。家庭における女性の機能として妻と母のほかにもうひとつ存在するのが、娘としての役割である。教育者たちの演説では、学校に通わせてくれた両親に感謝すること、卒業したら必ず恩を返すことなどが主張されていた。建国期の女子教育を考察するうえで、この娘・妻・母という家庭内における三つの機能を考慮に入れることが重要であることは第二章で述べたが、彼女らを家庭のなかに留めておき、その徳性により親・夫・息子としての男性を支えさせようという意図がYLAPの教育者たちの演説からも読みとれる。ただし、娘・妻・母という一見して家庭内の私的領域における存在のように思われる役割が、社会に強い影響を与える公的な存在として捉えられ、肯定されたことも注意すべき点である。女性と家庭との繋がりを重視するYLAPの教育者たちにとって、女性は共和国建設に密接に関わっていたのだ。

ＹＬＡＰにおける有用な知

アメリカ建国期の教育論を検討すると、教育によって得られる「知」が大抵その「有用性」によって肯定されるという共通点を見出すことができる。女子教育においてもその意義が「有用性」によって語られることが多かった。『誕生と発展』に収められた生徒モリー・ウォレスによる演説の以下の部分を見ると、親たちに教育の価値を主張するにあたって、生徒の側からもまた「有用性」に訴える理由づけがされていたことがわかる。

あなた方がしてくださったお世話や親切や保護に対しては、最も誠実な感謝を捧げたいと思います。私たちをこのような教育を受けさせるよりも働かせたほうが、より目立った成果をあげることができたでしょう。しかしあなた方がしてくださったことは、長い目でみればより継続して有益な効果をあげることができることなのです。（*The Rise and Progress of the Young Ladies Academy of Philadelphia*, p. 75）

女性を学校に通わせることによって家庭が被るさしあたっての損失に目をつむらせ、長期的な視点で得ることができる利益に目を向けさせるこうした論理は、同校でなされた多くの女子教育論において共通して見受けられるものである。数学の授業が計算や簿記の能力を養うことを目的としていたり、化学の授業が家庭を切り盛りするのに有益な知識を学ぶ内容になっていたことに代表されるように、同校の教育カリキュラムは家庭において役立つことに焦点があてられていた。「有用性」は女子教育を推進させるためのレトリックとしてだけではなく、実際に教育の現場で実践されていたのである。

歴史家ナンシー・コットはこうした特徴をふまえて、これら女子教育推進論者たちのことを「功利主義者（utilitarian）」と呼んだ。[4] 彼女は平等主義的な正義感や、啓蒙主義的な信念ではない「女子教育における功利主義的教育観は、女子教育の持つ可能性を制限してしまった」と批判する。学校では女性を娘や妻や母としての役割に限定して、そうした役割をより良く果たすための手段が教えられた。そしてそこでは「女性らしさ」は保存され、むしろ教育を通して男性との差異が強調されることになったというのである。しかし教育者たちは、女子教育の「有用性」を家庭への恩恵のみで語ったわけではなく、より広い範囲に利益をもたらすと考えていた。

建国期には女性たちは「反英」「愛国」「自由」といった植民地期には考えられないような公的な関心を持つようになり、女性の役割の位置づけが社会的関心となった。例えば一七九七年四月の『ニュー・ワールド』紙には、「女性らしさというものは生来のものなのか、それとも後に形成されるものなのか」という問題に関する賞金つきの公開ディベートの広告が載っているが、このような女性についての議論は建国期において盛んに行われていた。こうした中で、独立戦争を通して獲得し定着した、女性が共和国にとって「有用」な存在であるという意識を保持しながら、女性を家庭に留めておこうという試みが行われるようになった。一方、彼女らが家庭の中で生活し夫や子のために生きたとしても、それは共和国全般にとっても「有用」なことであるという意識も強調された。つまり家庭の中で生きることは共和国の維持・発展にとって有益な「公的」行為であるという意識が、革命により公的事柄へのコミットに対する意欲を増大させた女性たちを家庭に留まらせる論理として必要だった。

こうしたレトリックは女子教育論のいたるところで見受けられる。例えばラッシュは、娘や妻や母という役割がいかに社会に影響を与える政治的なものであるかを示そうとした。妻が家庭の雑務を一手に引き受けることによって夫が家庭の外での経済活動や公的活動に専念できるようになるし、徳があり誠実な妻に愛される夫は自身の活動をより充実したものにすることができる。そして「自由」や「愛国」あるいは「勤勉」という意識をしっかりと持った母親に育てられた子どもは、そうした価値観を尊重できる共和国の構成員として成長する。このような形で女性は家庭にいながら社会の発展に貢献するのだと説いた。

建国期の女子教育論の多くは決して一部のエリート層のみに対象を絞ったものではなく、職人に代表されるような「独立自営」の経済活動を行う家庭の女子を想定したものだった。例えば、ラッシュはそれぞれの市民が「誰かに雇われることなしに独立して働いている」ような社会に適した女子教育の必要性を主張していた。しかし建国期の女子教育論においては、女性が自ら私益の追求のために経済活動をおこなうことが必ずしも想定されたわけではなかった。つまり男性と女性とでは教育における「有用な知」の内容は異なっていたのである。夫を支え、子どもを育てる資質を身につけることができる教育が、女子教育においては「有用」なものと捉えられていた。特にフィラデルフィアのような都市部においては、独立自営の職人とそれを支える妻という夫婦像が想定されていた。そのため女性が学ぶ教育も職人の家庭に即したものが選ばれることになる。それが家計を助ける計算・簿記能力であり、化学の時間に教えられた家事であった。

一八世紀末のアメリカでは産業化に伴い社会が大きく変化していった。社会全体の益は、私的な利益の合計に等しいという新たな公共観が生まれたのである。「私益の追求」と「公共善」との矛盾のない結びつきは、女性においては「家庭の幸福の追求」と「共和国の維持・発展」とが繋いで捉えられるという形をとった。本来、家庭とは私的な世界のはずであったが、建国期にはそうした家庭内の役割を公的な事柄として捉えられるようになった。夫の私益追求を物理的あるいは精神的に支えることや子どもを育てることは、共和国を支える重要な役目であった。こうして「家庭」と共和国をオーバーラップさせることで、女性は自らを共和国の維持・発展の中核を担う存在であるという自負を持つことができた。

このように、建国期の女子教育論は、女子教育の推進という一見すると啓蒙主義的な主張のなかに、男女間の従属関係を巧みに保存するという要素を内包している点が複雑である。女性が家庭に留まりながら共和国の建設に関与するという建国期の女性の特徴的な状況を、ＹＬＡＰの教育者たちによる議論は反映しているのである。

生徒たちにとっての学校

　ここまでＹＬＡＰにおける教育者たちの主張を中心に検討することによって、家庭との結びつきを重視するという建国期の女子教育の特徴を考察してきた。しかしＹＬＡＰの生徒たちは前述のような教育者側の意図をそのまま受け入れていたとは限らない。実際に『誕生と発展』に教育者たちの演説とともに収められている学生たちのスピーチを読むと、彼女たちの知の捉え方が、教育者の意図したそれとは大きくかけ離れていることがわかる。彼女たちは演説において、善き母としての資質の大事さや、善き妻になるための決意を述べているわけではない。その代わりに彼女たちは学ぶことを喜び、女性が知を用いることを極度に制限される社会を嘆いている。

　生徒による演説に見られるひとつの特徴は、彼女たちが学びたいことを学ぶことができる時代を讃えているものである。例えば一七九〇年第一学期の「修辞学」の主席であったアン・ロクスリーは卒業生総代演説において、女子教育が無視されてきた時代を「女性の無知のヴェール（the veil of female ignorance）」と表現し、女性にも知をもたらしてくれた学校と教師に賛辞を送っている。ロクスリーは、「女子教育の計画が、今は漠然としたものであっても、今までなされてきたあらゆる実践の中でもっとも適確なものであったと世の中の人々が思うようになること」を確信し、教師たちに、「その命のグラスが尽きて天に迎え入れられるまで、科学の種をこの街に、私たちの性に、もたらし続けてくださいますように」と述べた。この演説でみられるのは、「知」を得ることに対する純粋な喜びである。

同様にモリー・ウォレスも一七九二年の卒業生総代演説において、教師に対する感謝を以下のように表現する。

私たち生徒を学習という過程に留まり続けることを強く望みながら指導してくださった先生方は、私たちに科学の道（path of science）を見つけさせてくださいました。私たちはその道を歩んでいつかは豊かで広い「知識」という平原にたどり着きたいと思います。（*The Rise and Progress of the Young Ladies Academy of Philadelphia*, p. 76）

ウォレスは続けて生徒たちに向かって、「教育を受けている女性」としての自分たちの責任の重さを訴えかける。彼女らは女性がこの国の勤勉な文化に貢献できることを証明する立場なのであり、「私たちがそれをできなかったら、屈辱と非難が不可避的に［女性に］向けられてしまう」と主張した。女性にも教育を授けることが共和国において有益であると示すことは、ウォレスたちＹＬＡＰの生徒たちの使命であり、彼女たちは重い責任を背負って教育を受けていたのである。

もっとも、「知」を男性の占有物としてではなく女性とも分かち合えるものとしようというこうした使命感は、教育者側にも見てとれる。例えばラッシュは、結婚を人生における唯一の目標と考え、美しく着飾ることにだけ没頭する植民地期の女性たちを愚かな存在と批判し、「女性の気質は理性にのみ支配され」るのであって、「女性の理性が教化されうるということは自然の秩序や私的公的な幸福と同様明らかなことだということを実践しよう」と主張している。また、ピルモアは建国の時代を「光と洗練の時代（an age of light and refinement)」と表現し、女性も男性と同様に知を追い求めることが認められる今の時代に生きることを感謝するように生徒たちに訴えかける。あるいはセイも、女性の才能を暗闇や忘却のかなたに追いやろうとする力に負けずに、その知を世の中のために役立てて欲しいと主張する。彼らはペンシルヴァニア大学などでも教壇に立っていたこの時代における一流の学者たちであり、その演説に「知」に対する信仰ともいえる尊敬の念が見受けられることは想像に難いことではない。

このような、女性が知を享受することのできる時代を称える生徒の演説がある一方で、女性がいくら学ぶことができても、卒業してしまうと今まで得た知を活用する機会がないことを嘆く悲観的な演説も多く見られる。その例として、プリシラ・メーソンによる一七九三年の演説がある。彼女は女性が教育を受けることを「我々の権利」と呼ぶなど、女性が学びたいことを学ぶことができるのは当然のことという捉え方をしている。彼女は女性にとって弁論を展開する場が非常に限られていることを嘆き、以下のような主張をしている。

［多くの女性が、］科学的能力を修養することによって、女性の持つ可能性を証明してきました。しかし演説者としての才覚を申し分なくすべて持ち合わせていることを示したいのに、私たち女性がそのことを示す場がどこにあるのでしょう。教会も裁判所も議会も私たちを締

め出しています。だれが締め出しているのでしょうか。男性なのです。専制的な男性なのです。（*The Rise and Progress of the Young Ladies Academy of Philadelphia*, p. 93)

学校側によるチェックや指導があると想像される卒業生演説のような公的の場において、このような急進的な発言がなされたということは、こうした考えがある程度この学校でも許容されていたということを示す。こうした男性に対する女性の従属的な態度への批判は、他にもアン・ハッカーの一七九四年の演説において見られる。ハッカーは女性のおかれている境遇を「奴隷」と比較して、女性の男性に対してへつらう態度を非難する。一方、アン・ニーガスは同年の演説で女性がいずれ妻となることによって自由を失ってしまうことを嘆き、結婚に対する否定的な見解まで表明する。彼女によれば、「多くの幸運に恵まれ、危険から注意深く引き離されているような」生徒たちですら、「その幸福はとても不安定なところに拠って立って」いる。なぜなら、「自らの行動を決定することができる力を長い間持ちつづけることができる女性はほとんどいない」からだ。ニーガスからすると、女性たちの「大半は自由を放棄してしまう」のだった。「自由の放棄」とまで言ってしまう結婚に対するこの否定的見解は、教育者たちの生徒を「良き妻」「良き母」に育てようという意図の正反対のものであり、こうした考えが広く女子生徒たちに共有されていたのだとしたら注目すべきことである。

この章では、建国期に女子教育が実践された場であるＹＬＡＰを検討してきた。そこでは女性と家庭との繋がりを重視する学校側の考えが存在する一方で、女子生徒たちはその意図どおりには教育や「知」を捉えていなかったことが、この学校の演説集を読むことで理解できる。本章でとりあげた教育者と学生の演説を読むと、YLAPにおける教育者と生徒の演説の間には、その教育観や女性観に大きな溝が見受けられる。それは独立を経て公的な領域に関っていく意識を強めた女性と、そうした進出を制限し女性を家庭の中に留まらせようとした男性との衝突とも言い換えることができるかもしれない。

今日の歴史家が建国期の女子教育について考察するとき、多くの場合教育者たちの言説のみに注目していた。しかし女生徒たちは教育者たちが強調するほどには、家庭の中での「善き母」のみが女性の社会的役割だとは考えておらず、教育を自らの知の発展や社会的機会を向上させるものとしてみなしていた。YLAPに関する史料を丁寧に検討すれば、そのなかに家庭性に立脚した女性観・教育観と、それに反発する思いの両方が含まれていることが明らかになるのである。

しかし学生たちの演説から女性のより自発的な「知」への渇望を見出したとしても、メーソンが望んだような公的な場での発言の機会は与えられなかったし、ニーガスがあきらめの感情をともない語ったように結婚によって女性の自由が制限される事態は変わらなかった。また、男性がおこなっていたような経済活動をこころざしそれゆえに教育を求めたとしても、彼女らの経済活動の場は家庭の外では非常に制限されていた。しかし彼女らの活動が家庭のなかに限られたものであったとしても、その役割は公的な意味合いを持つものであった。このように『誕生と発展』

を始めとするＹＬＡＰにおける演説集は、建国期の女子教育の葛藤をその中に抱えつつ、家庭を女性独自の領域として、そのなかで女性らしい立場から公的な事柄に関わっていくという、男女間の非対称的な関係を表している。

その後のＹＬＡＰ

ＹＬＡＰがいつ閉校したのかについては、今まで歴史家たちが調べてきたが、明確な資料は見つけられていない。フィラデルフィアの住所録にＹＬＡＰの名前が最後に登場するのは一八〇四年のことである。歴史家たちはＹＬＡＰが消滅した要因を、財政的な援助が得られなかったこと、競合する女子教育機関が多数誕生したことと推測している。確かに、例えば一八〇〇年のフィラデルフィアの住所録には一つの街に四つの女子教育機関の存在が認められる。ＹＬＡＰ消滅は、むしろ女子教育がアメリカ社会の中で一層普及したゆえであるとも言うことができるかもしれない。

一七九〇年代までのＹＬＡＰについては、『誕生と発展』やその続編の刊行物を追いかけていけば、その様子はつかむことができる。一八〇〇年以降になると出版物でＹＬＡＰについて見ていくことは困難になってくるが、それでも『フィラデルフィア・レポジトリー』その他の新聞に載った記事を丹念に調べていくと、その後のＹＬＡＰについて知ることが可能である。

一八〇三年二月の『フィラデルフィア・レポジトリー』には、学長ジェームズ・ニールがＹＬ

APでおこなった演説が掲載されている。ここでニールはYLAPの教育が女性たちを「良き伴侶にし、社会にとっての有用な構成員」につくりあげることで、「彼女らの現在と未来の幸福を確かなものにする」とアピールした。女性の家庭内での役割に公的な意味を付与するという、YLAP開校以来の女子教育の正当化の仕方が、ここでも受け継がれていることがわかる。

変化は女子生徒による意見の方に現れている。特に興味深いのは『フィラデルフィア・レポジトリー』において一八〇〇年一一月に掲載された「女性の政治家についての見解」である。これはYLAPの作文クラスで女子生徒によって書かれた作品であるようだ。ここで書き手である女子生徒は、政治は「もう一方の性にふさわしい」ものであり、女性は関わるべきではないと強く主張した。

多くの女性が政治に関心を持つことで自らを親しみ難くばかげた存在に貶めています。彼女らは政治に関わることでどのような結果がもたらされるのかを理解していないのです。彼女らは政治への関心が自らにどのような影響を与えるのかについて考えません。それは女性の特質を崩壊させ、心の平穏を破壊し、軽蔑と嫌悪の感情を促進させてしまいます。〔中略〕私はここで全ての女性たちに、特に私の親愛なるクラスメイトたちに忠告させていただきます。政治に心を奪われてはいけません。私たちに政治の問題を判断する能力があるともあるべきとも思いません。（*Philadelphia Repository and Weekly Register*, March 7, 1801, p. 5）

それでは女性にとってふさわしいものとはなんだろうか。彼女はそれを「家庭での責務」と主張する。公的領域と私的領域を区別し、後者すなわち家庭こそが女性が司るべき世界であるという、領域分離の世界観がこのＹＬＡＰの生徒によって書かれた記事から読み取ることができる。『フィラデルフィア・レポジトリー』に掲載された教育者と生徒の演説や作品には、女子教育観についての明確なずれは見当たらない。むしろ、女子生徒が教育に求めているものがこの十年の間に大きく変化したように見て取れる。一七九〇年代初頭にプリシラ・メーソンやアン・ハッカーが公的な領域へ関与することを熱望し、その不満や苛立ちが出版され人々に読まれていた時代からはるか遠くへと移動した印象を受ける。この女子教育の家庭性への収斂が、一九世紀に入ってからの女子教育の大きな流れとなっていく。前述のＹＬＡＰの生徒による「女性の政治家についての見解」が書かれた同じ一八〇〇年に、次章で取り上げるスザンナ・ローソンのアカデミーが、ボストン市内からその近郊のメドフォードへと移転し、より多くの生徒を集めて発展し始めたことは象徴的なことに思える。

コラム2　ジュディス・サージェント・マレイ

建国期の女子教育を考えるうえで、キーワードとなるのが「独立（independence）」や「自立（self-reliance）」である。それまでの女性は男性に依存しなければ生きていくことができない存在だと考えられていた。しかし、アメリカ建国への女性の貢献によって、女性も自立して生きていけるという意見も表れるようになった。女性の「独立」や「自立」を強調しそれゆえに女子教育の必要性を明確に主張した人物の一人が、ジュディス・サージェント・マレイ（一七五一―一八二〇）だった。

ジュディスは貿易業を営む父と、海運業に携わる家出身の母のもとで生まれた。裕福な家庭環境のなかでも女子であるという理由で家庭教師から最低限の教育しか受けられなかったことを、彼女は後年になっても忘れなかった。後に卓越した才能に気づいた父親によってラテン語やギリシャ語を含めた高度な教育を受けることになるが、これは当時の女性としては異例のことであった。しかし彼女は女性が学校教育から締め出されている状況に不満を抱き続けていた。

一七六九年のジョン・スティーヴンスとの最初の結婚以降、彼女はまずは詩を書いた。そしてイギリスとの関係が一層深刻になって以降はより政治的なエッセイを書くようになり、地元の雑誌に掲載されるようになった。最初の夫との死別後の一七八八年、彼女はジョン・マレイと再婚した。多元性を重んじるユニヴァーサリストの聖職者であった夫の影響を受けつつ、彼女はより活発な文筆活動をおこなっていった。彼女は『マサチューセッツ・マガジン』に定期的にコラムを執筆するようになり、同誌に掲載されたエッセイ「両性の平等について」（一七九〇年）は、後の時代に彼女を「アメリカ最初のフェミニストの一人」と称させることとなった。

彼女が一七九〇年代に『マサチューセッツ・マガジン』に寄稿したエッセイを読むと、彼女の女性観や教育観を理解することができる。マレイはこの時代までに多くの人々によって共有されてきた「女性は生来男性よりも劣った存在である」という考え方に真っ向から反対した。現状で女性が男性よりも劣った存在であるとするならば、それは女性に対する教育の欠如によるものであり、男女は知性の面では対等だとマレイは考えていた。そして、彼女は男性と同等の教育さえ受けていれば、女性は政治に関わる能力も持ちえると確信していた。女性が自立して公的な事柄に関わるためには、教育が不可欠であると考えていたのである。彼女は若い女性たちに「自分自身を尊敬しなさい」と語りかける。

マレイは女性の「独立」や「自立」を阻害する最大の要因は結婚市場であると説いた。結婚こそが女性の最大の目標とされているうちは、女性の教育もいかに男性に気に入られるのかということが中心になってしまい、結局のところ男性に依存しなければ生きていけない状態になってしまうのである。マレイによれば、前向きで強い自意識を奪われている現状が、彼女たちが結婚市場に抗えなくさせている。彼女たちには自信がないから、社会的な立場を手に入れるために焦って結婚のことばかりを考えるのだ。さらにマレイの批判は女子から教育の機会を奪い、結婚と依存へと追いやる親にも向けられた。彼女は「私は適切だと思うすべての教養を娘に授けるだろう」と言う。教育によって多くの知を得ることによって、女性は初めて合理的で慈悲深く自立した存在になる。一方、そのような教育を受けずに自立することができない女性は結婚しても夫に依存してしまい、結局のところ夫にとっても子どもにとっても不幸な結果を招いてしまう。「男性と女性がともに努力をしなくては、家庭が崩壊してしまう」とマレイは主張した。

結婚市場にとらわれずに自立することが、結果的に女性に幸せな家庭を持たせるという彼女の考え方をわかりやすく説明するために、マレイは二人の姉妹の物語を創作した。姉のヘレンは親の遺産で華やかな服を買い、彼女に言い寄ってくるたくさんの男性から贈り物をもらって楽しい毎日を過ごす。一方、妹のペネローペは華やかな服には目もくれず、親戚の家で「自分を磨く」ために様々な分野の勉強をして過ごす。ペネローペは姉への手紙のなかで以下のようなことを記す。

私たちの叔母のドロシーは、私たちが誰かに依存している状態を望んではいません。彼女は私たちの胸に「自立への気高い情熱（the noble ardor of independence）」が宿ることを望んでいます。そして彼女は私たちの才能が最大限に磨かれることを心から願っています。

あなたがお友達からいただいた贈り物は、彼らの気前の良さの喜ぶべき証でしょう。でも、あなた自身が本当に必要なものを身につけることによって得られる、もっと大切な喜びについて考えたことはありませんか。(Judith Sargent Murray, *The Gleaner: I*, 1798, pp. 167–168)

ヘレンは結局ペネローペの忠告に耳を貸さず、彼女の浪費癖は結局まわりにいた男性に愛想を尽かせてしまう。それに対してペネローペはその徳性を誠実な男性に見出され、「適度の豊かさ」のもと幸福な結婚をする。そしてヘレンはペネローペの世話になりながら寂しく老いていく。結婚市場を意識して華やかに着飾るのではなく、教育によって裏付けられた「自立」こそが幸福な結婚をもたらすということを、マレイはこの逸話から伝えようとした。

マレイの創作活動のピークは一七九〇年代であり、一八〇〇年代に入ると数える程の詩やエッセイしか発表しなくなる。彼女の創作活動の低下の要因として、歴史家は、彼女の定期執筆先であった『マサチューセッツ・マガジン』の休刊と、家庭の財政的な危機をあげる。しかしそれに加えて、「男女は本質的に平等である」という彼女の主張が、一九世紀には社会に受け入れられることが困難になったと考えることはできないだろうか。第一章で考察したヤング・レディズ・アカデミー・オブ・フィラデルフィアの女子生徒たちの教育に対して求めていた主張が公的領域から私的領域に変化したのがまさにこの時期であったことと無関係ではなかったのではないかと推察される。いずれにせよ一九世紀以降のマレイは執筆の筆を止め、夫の宗教的な著作の編集に没頭することになる。そしてこの二人目の夫とも死別した後の一八一六年、娘夫婦が住んでいたミシシッピのナチェズに移り、その地で一八二〇年にその生涯を閉じた。

第2章　スザンナ・ローソン―劇作家として、教育者として

ヤング・レディズ・アカデミ・オブ・フィラデルフィアの生徒たちが嘆いていたように、建国期のアメリカでは、どのように質の高い教育を受けたとしても女性たちがつける職業はほとんど存在しなかった。彼女らの役割は家庭におけるものであり、それに公的な意味を与えたことが建国期女子教育の大きな特徴であった。その後一九世紀に入り、女性が家庭の外でつくことができる職業の選択肢として「教師」が加わった。教師に適した女性を育成するという女子教育機関の新たな役割をつくり上げるのに貢献した一九世紀初頭のアメリカで著名な女性教育者の一人に、スザンナ・ローソンがいる。もっともローソンは今日までむしろ作家としてその名を残している。作家としてのローソンと教育者としてのローソン、この両者にはどのような共通点や違いがあるのだろうか。

イギリスからアメリカへ、フィラデルフィアでの『アルジェの奴隷』上演

スザンナ・ハズウェル・ローソンの前半生はアメリカのイギリスからの独立という世界史的な出来事に大きく左右された。一七六二年にイギリスのポーツマスで生まれたスザンナは、一七六

スザンナ・ローソン

六年にはイギリス海軍の将校であった父親の赴任先であるマサチューセッツ植民地ボストン近郊に移り住んだ。彼女の伝記を書いたイライアス・ネイソンによれば、この地で十歳の頃にはシェイクスピアやスペンサーを愛読するなど、文学的才能を早くも示し始めていたようだ。しかし彼女の最初のアメリカでの生活は独立戦争によって終りを告げられる。ハズウェル家は財産を没収され、戦後カナダ経由でイギリスへ送還されることになった。

イギリスで教養ある女性に成長したスザンナは、教育者をこころざすが望むような仕事になかなかつくことができずに文筆活動を開始した。そのような時期に彼女は金物商を営みつつトランペット奏者としても活動していたウィリアム・ローソンと出会い、一七八六年に結婚する。同時期に彼女は『ヴィクトリア』をはじめ、いくつかの小説を出版し始める。夫の事業の破綻をきっかけに、ローソン家は夫の音楽的資質と妻の文才を頼りに劇場の世界に身を投じる。ロンドンやスコットランドのエジンバラでの舞台活動を経て、ローソン家は一七九三年にイギリスからアメリカに移り住んだ。彼女はフィラデルフィアを拠点に音楽劇の台本の執筆とその劇への出演を始めた。

彼女の最初の劇『アルジェの奴隷、あるいは自由への闘争』（*Slaves in Algiers; or, A Strugg le for Freedom*、以下『アルジェの奴隷』）は一七九四年六月にフィラデルフィアで初演され、その後引き続きボルティモア、ボストンなどでも上演され好評を博した。この劇の台本は同年にフィラデルフィアで出版されており、今でも詳細を知ることの出来るローソンの唯一の劇になっている。ちなみに彼女の英国時代の代表的小説である『シャーロット・テンプル』も同年十月にフィラデルフィアで出版され、アメリカにおける初めてのベストセラー小説となっていた。(5)

『アルジェの奴隷』は当時の国際情勢なども巧みに絡めたコメディであった。アフリカ北部地中海沿岸の地であるバーバリーを舞台とし、その地の海賊に囚われたアメリカ人たちが自由を手に入れるまでの過程が、いくつかのロマンスを挿みながら描かれている。劇の最後にはアメリカ独立戦争によって生き別れとなり、別々の場所で海賊に拉致されていた家族が奇跡の再会を果たす。作者自身が『アルジェの奴隷』の序文で認めているように、ローソンはこの劇の着想をスペインの作家ミゲル・デ・セルバンテスの『ドン・キホーテ』、特にその中の「捕囚の話」から得た。また、ローソンの劇場でも頻繁に上演されていたシェイクスピアの作品からの影響も多く見られる。特に劇中に登場して主人公たちを苦しめ、最後には懲らしめられる強欲なユダヤ人ベン・ハッサンは、シェイクスピアの『ヴェニスの商人』のシャイロックをモデルとしていることは明白である。

この劇はフィラデルフィアの一部の人々から激しい批判を受けることになる。その代表的な人物が、イギリス人出身の出版人ウィィリアム・コベットであった。彼はこの劇を「この上なく嘔吐を催させるもの」として、ローソンのかつての作品である『シャーロット・テンプル』や『メントーリア』と並べて「心の病んだ人間の寝室にでも置いておくのが最適」と辛辣に評価した。コベットがこの劇を批判するそもそもの理由は、『アルジェの奴隷』が当時の国際情勢に絡めたフィクションであったということである。彼は「彼女の劇のテーマがフィクションであるだけでなく、空想（fancy）によって出来上がったフィクションである」ことが問題であるとし、劇の内容とその幸福な結末があたかも事実であるように観衆に勘違いさせてしまうことを危惧した。コベットにとってこの劇は出来が良い悪い以前に、存在そのものが害悪だったのである。もちろんコベットのこうした批判の背景には、つくり話である劇を大衆がこぞって楽しむということを苦々しく思う風潮が、当時の教育者や知識人の間に依然としてあったことも忘れてはならない。

しかしコベットがこのローソンの劇を攻撃した理由はそれだけではない。彼は言う。「私は何とも言えない不安にさいなまれている。それは政治の世界だけでなく道徳全般が、革命を経験しつつあるのではないだろうかということだ。」『アルジェの奴隷』のなかにコベットが見い出した革命性とは何であろうか。それはローソンが何度も劇の中で言及させた女性の卓越（superiority）であった。コベットはこの劇の先に女性が公的な領域に進出していく未来を見い出したからこそ、『アルジェの奴隷』を厳しく攻撃したのである。次節以降、ローソンが『アルジェの奴隷』で描いた女性の卓越性とはどのようなものであったのかを詳しく検討していく。

『アルジェの奴隷』における女性の自由

従来、ローソンの代表作とされてきたのは、彼女のイギリス時代の作品である『シャーロット・テンプル』や『メントーリア』であった。特に後者は「誘惑小説」の代表として見なされてきたが、それと同時にこれらの作品には読み手である女性を教育するコンダクト・ブックスとしての側面があった。女性が成長するなかで遭遇する誘惑（多くは性的にだらしのない男性であった）を紹介し、時にはその誘惑に負けて堕落する人物の末路を描くことによって、女性の美徳としての純潔さを読者に知らしめる機能がこれらの作品には込められていた。こういった作品で強調される敬虔で慎み深く純粋な娘という理想の女性像は、『アルジェの奴隷』で提示された「男性よりも卓越した女性」とは結びつくのだろうか。『アルジェの奴隷』はアメリカで二〇〇〇年に一般の読者にも手に入りやすい形で再出版されて以降、ジェンダー史研究において注目を集め、時にはフェミニズムの先駆的作品であるかのように捉えられることがある。しかし、現代のフェミニズムの尺度から二〇〇年以上昔の文学作品の女性観を語ることは、ローソンが『アルジェの奴隷』で描いた女性像の本当の意味をつかみ損ねる危険性をはらむ。そこで、『アルジェの奴隷』が上演された一七九〇年代のアメリカという歴史的な文脈を考えつつ、当時の女性論、教育論、そして国際情勢などと関連づけながら、ローソンが言う「女性の卓越性」とはどのようなものであったかについて、「自由」をキーワードに検討していく。

物語は強欲なユダヤ人ベン・ハッサンの娘フェトナが従者の女性と会話している場面から始ま

る。フェトナは父によってデイ（アルジェの統治者の称号）のミュレイ・モロックに売り飛ばされていた。彼女はデイの宮殿での生活にうんざりしているのだが、従者にはそれが理解できない。デイのお気に入りとして不自由のない生活を送るのに何の不満があるのだと聞かれて、フェトナはこう答える。

ああ、それはたくさんあるわ。まず、私は自由が欲しいの。お気に入りに選ばれたからって何だというの？（奴隷主に気に入られたからという理由で）かごに入れられて、自由を失ったことを慰められている可哀想な鳥じゃない。いやよ！たとえ牢屋のおりが黄金で出来ていたとしても、食べ物がおいしくても、びっくりするくらい優しく扱われたとしても、その小さな心はそれでも自由を求めるのよ。[6]（Susanna Rowson, *Slaves in Algiers*, 1794, p. 13）

この自由（freedom／liberty）という言葉は、『アルジェの奴隷』において繰り返し用いられている。[7] フェトナは自分の自由を守るためにデイの愛妾になることを拒み続けているのだ。デイは拒むフェトナに対して、三日月刀の刃をちらつかせながらなおも迫る。しかし彼女は贅沢な暮らしによって自由を奪われてもかまわないと考えられる別の人を妾にするように言い、デイを怒らせる。従者からすると、フェトナがなぜこの国のしきたりを守ろうとしないのか不思議でならないのだが、フェトナはある人物から強い影響を受けてこのような考え方をするに至ったのだと説明する。

数ヶ月前、父が（彼はたくさんの海賊を従えているのだけど）、家に一人の女性の捕虜を連れて来たの。私は彼女にすっかり魅了されたわ。彼女が私に自由への愛を育んでくれたの。そして女性は男性の惨めな奴隷になるためにつくられた訳では決してないと教えてくれたわ。創造主は私たちを平等につくって下さったし、私たちがより優れた存在になるための力を与えて下さったの。（*Slaves in Algiers*, p. 14）

このベン・ハッサンのもとにいる女性こそが、この劇の主要人物の一人レベッカである。彼女は息子のオウガスタスとともに、生き別れになった夫と娘を捜すためにイギリスへの船に乗っている時に海賊に襲われバーバリーに連れてこられたのだが、ハッサンに気に入られ彼のもとに留めおかれていた。このレベッカとの交流によって、フェトナは「自分が自由の身で生まれたかのような気がしてくる」と告白する。

自由な状態であることが人として最も大切なことであるのならば、その自由を奪われるのは最も耐えられない状態だ。『アルジェの奴隷』の登場人物たちはそのような状態のことを「奴隷」と呼んでいる。フェトナやレベッカが「奴隷」という言葉を発する時、それは肉体的に拘束されているることだけでなく、精神的に支配を受けていることを意味する。鎖や足枷は比喩表現としても使われ、それが色欲をともない女性に向けられるものならば、男性は非難されるべき存在となる。ハッサンがレベッカを、デイのミュレイ・モロックがフェトナを自分の妾にしようとし、そのために彼女らの自由を奪うのはその典型である。ジュディス・サージェント・マレイが女性に必要な資質として「自立」や「独立」を挙げたことはコラム二で述べた。彼女は多くの人々に共有されてきた「女性は生来男性よりも劣った存在である」という考え方に異を唱え、女性の自立を妨害する結婚市場を憎んだ。現状で女性が男性よりも劣った存在であるとするならば、それは女性に対する教育の欠如によるものであり、男性と同等の教育さえ受けていれば女性は独立し、自由を得ることが出来ると彼女は確信していた。

このように誰からも支配されないという意味での自由という概念は、一八世紀末のアメリカ都市部においてとても重要なものと見なされていた。『アルジェの奴隷』の登場人物たちが奴隷という身分やその言葉の響きそのものを憎み、命をかけてまで自由を手に入れようとしたのは、そのようなアメリカ人的気質ゆえのものだと考えられる。実際に劇中で自由についてことさら言及するのは、レベッカからアメリカ人と、そのアメリカ人の強い影響を受けたフェトナである。『アルジェの奴隷』のなかでは自由は「アメリカ」と密接に結びついている。この特殊なアメリカ、卓越したアメリカはこの劇の大きな特徴だ。

ローソンは出版された『アルジェの奴隷』を「北米の合衆国の市民たち」に捧げている。このアメリカ人が活躍する、アメリカ人のための劇の中では、アメリカ人であることの意味が頻繁に強調される。そのことは例えば冒頭のフェトナと従者との会話からも見てとれる。それほどまでにあなたに強い影響を与えた女性はどこの国の人なのかと従者に聞かれて、フェトナは「両方の性別が持ちうる徳性こそが、卓越性をはかるたった一つの基準となるような、そんな地から彼女はやって来たの。彼女はアメリカ人だったのよ」と答える。

そのフェトナの「教師」であるレベッカもアメリカ人である誇りを隠さない。レベッカはハッサンに言い寄られて、あなたは既に結婚しているのでしょうとたしなめる。するとハッサンはアメリカ人は自由を大切にするということを逆手に取って「我々の法ではたくさんの妻を持つことが出来るのだ。我々の法は愛することの自由を保障する。お前はアメリカ人だろう。自由を愛する国の人だろう」と主張する。それに対してレベッカは憤慨してこう切り返す。

待って、ハッサン。その神聖な言葉を不道徳な目的のために侮辱しないで。自由の国の息子と娘は、その偉大な旗のもと、正義と真実と慈悲こそが私たちの資質だと信じているのよ。

(*Slaves in Algiers*, p. 21)

このレベッカの発言からも、アメリカ人にとっての自由という概念は限定的で、それ故に高貴なものであることがわかる。そしてアメリカ人の考える自由が他者には理解することが困難であることも、フェトナと従者、そしてレベッカとハッサンとの会話から示される。

アメリカ人の卓越性は、劇のクライマックスで最も顕著に表れる。オリヴィア（彼女は後に幼い頃に生き別れたレベッカの娘であることが明らかになる）が恋人たちの命を救うためデイの妻となることを強要される絶体絶命の時に、アルジェ中の奴隷が蜂起し宮殿に押し寄せてデイを追いつめる。スペイン人奴隷のセバスチャンは今すぐ棒たたきの刑にしてやるとデイにすごむが、アメリカ人のフレデリックはそれをたしなめる。

やめておけ、セバスチャン。ミュレイ・モロックよ、たとえお前の私たちに対する支配が終わったと言っても、我々はお前を奴隷にすることはないし、お前の命を奪うこともしない。我々は自由民（freemen）なのだ。私たちは人としての権利を手に入れるために、他の人々のその権利を奪うようなことはしない。（*Slaves in Algiers*, p. 73）

しかしセバスチャンはなおも食い下がり、アルジェ人の決まりに従えば彼を奴隷にするべきだと主張する。この奴隷という言葉に反応し、レベッカはこう答える。

キリスト教の決まりでは、誰であれ奴隷になるべきではありません。なんて汚らわしい言葉なんでしょう。口に出しただけで頬が真っ赤に染まります。私たちの特権をまとめあげましょう。自由になりましょう。でも自分たちが繋がれることを恥とする鎖を、他人の首にかける

ようなことはやめましょう。（*Slaves in Algiers*, p. 73）

このアメリカ人の温情によってモロックは改心し、アルジェの人々に自由を与えることを誓う。そしてアメリカ人たちは自由を手に入れ、「その自由を全ての国の人々へ拡げていくであろう」故国へと帰っていく。この結末には、自由の理念を世界中に広めていくアメリカの使命という一九世紀以降のアメリカの対外姿勢をも見てとれる。

ローソンはこの劇を通してアメリカ人の自由を大切にする姿勢を讃え続けた。ただし、ローソン自身はより複雑なアイデンティティを持っていたことは留意しておくべきである。ローソンは子ども時代を当時まだイギリス植民地であったアメリカで過ごし、独立戦争をきっかけに送還された経験を持っていたことを忘れてはならない。ローソン研究者のマリオン・ラストによれば、ローソンは自分のことをアメリカ人と主張したことはなく、「永遠の追放者（a perennial exile）」と考えていた。『アルジェの奴隷』のレベッカが独立戦争の最中に親の反対を押し切って英国軍人と結婚し生き別れ、物語の最後で再会を果たすのは、ローソンのイギリスとアメリカとの間で引き裂かれた思いを考えると印象的だ。

卓越した教育者としての女性

出版された『アルジェの奴隷』の最後には「エピローグ」として、オリヴィア役として出演もしていたローソンの舞台挨拶が載せられている。彼女は、現実にも海賊に捕えられ奴隷として自由を奪われているクリスチャンがたくさんいることにも言及しつつ、観客に以下のように語りかける。

さあ女性の皆様方、お教えください。この劇を気に入っていただけたでしょうか。『あの登場人物の言うことはもっともだ。』そうおっしゃるのではないでしょうか。『彼女は私たちこそがより優れた力を持つべきだと言った。全くもってその意見に賛成だ。女性は全能の支配力を持って生まれたのだ。男性はあがめ、沈黙し、従うのだ』と。(*Slaves in Algiers*, p. 77)

『アルジェの奴隷』の辛辣な批判者であったウィリアム・コベットが気に入らなかったのはこの箇所であった。彼はこの「女性は全能の支配力を持って生まれ、男性はあがめ、沈黙し、従う」の部分を引用し、こういった意見は「妻の権威が明白に認められているこの国では受け入れられないと言わざるをえない」と主張した。彼はこの劇から、女性は男性よりも卓越しているし、女性は男性を支配し従わせることが出来るというメッセージを読みとり、それを「革命的」であると警戒したのだ。

女性が男性の領域に進出してくることに対して彼がこのような強い反応を示したのは、一七九〇年代のアメリカがまさに「女性の権利」論が盛んに議論される場であったからだ。例えば前述したマレイは一七九〇年代初頭から女性の潜在的な能力の高さと、それを引き出すための教育の必要性を説いていたし、コラム三で後述するように、メアリ・ウルストンクラフトの『女性の権利の擁護』もアメリカでは幅広く読まれていた。ローソンの『アルジェの奴隷』は一七九〇年代フィラデルフィアのそのような時代背景を受けて書かれたものである。劇中で描かれる女性の潜在的な能力の高さや男性に一方的に従属することのない誇りには、同時代のマレイやウルストンクラフトの女性論からの強い影響がうかがえる。

しかし『アルジェの奴隷』で描かれる女性は、男性と同じかそれを上回る資質と能力でもって男性を支配するような人々だろうか。コベットが皮肉まじりに書いた「連邦下院の議員がそっくりもう一方の性別に取って代わられる」ような革命を、ローソンは想定していたのだろうか。むしろ、『アルジェの奴隷』のなかでは、女性と男性との間の差異はしっかりと保持されているのではないだろうか。劇中ではレベッカやオリヴィアの敬虔さ、純粋さ、そして無私の精神といった美徳が強調されている。そしてそれらこそが一八世紀後半にアメリカで、女性が特に卓越していると思われるようになった分野なのである。

レベッカはまさにアメリカの概念を教える「教師」であった。彼女自身も自由や独立を尊ぶ新しい共和国の理念をしっかりと身に付けているからこそ、人にそれを授けることが出来た。フェトナはレベッカのことを先生（instructress）と呼び慕っていたが、二人の関係はいわば母と子の関係なのだ。そして「アメリカの母」であるレベッカに教えられた価値観を、フェトナはこれからアルジェの「息子や娘たち」に伝えていくのであろう。この母と子の繋がりが拡大解釈され、教師と教え子の関係に重ね合わされるというかたちは、実際に一九世紀以降のアメリカでも見られるものであった。

もちろんレベッカは実の息子であるオウガスタスにも、たくさんの愛を注ぎ、アメリカの価値観をしっかりと教える。劇の前半、彼女は自分のことよりもオウガスタスが奴隷として自由を奪われていることを嘆き悲しむ。

コロンビアのもとで生まれ、生まれもって自由を手にしたはずの子どもが、奴隷として毎日を過ごすだなんて。……ああ！私の愛する息子！若き情熱に輝く彼の瞳を見守ることができないなんて。彼の勇敢な同胞がいかに自らの血を犠牲にして自由を手に入れたのかを話した時に、あれほどまでに輝いていた瞳を。（*Slaves in Algiers*, p. 18)

コロンビアとは女性として擬人化されたアメリカのことである。レベッカは独立戦争でどのようにアメリカが独立を勝ち取ったのかを息子に伝えることで、自由の尊さを教えていたのだ。そしてこのアメリカ人としての自由への強い思いは、しっかりと息子へと受け継がれていることが示されている。別々の主人のもとで働いているオウガスタスと久しぶりに再会したレベッカが、息子が自由を奪われていることを知り悲しんでいると、彼はこう言って母親を励ます。「心配しないで、お母さん。僕が何を恐れるって言うの？僕はアメリカ人だよ。お母さんはいつも僕に言うじゃない。いざという時には、アメリカ人は何も恐れないって。」物語の最後にはオウガスタスは大人たちとともに宮殿に攻め込み母親を救う。「自らの血を犠牲にして自由を手に入れた」先人たちと同様に、彼は勇敢にも自らの力で自分と母親の自由を手に入れたのだ。

レベッカの娘であるオリヴィアもアメリカ人としての資質をしっかりと受け継いでいる。オリヴィアにおいて際立つのは無私と自己犠牲の精神である。彼女は友人を逃すために自らは宮殿に留まることを決意したり、父や恋人の命を救うために自らが犠牲になろうとする。女性の自己犠牲はローソンのその他の作品の中でも頻繁に見つけることができる。この勇敢な息子と自己犠牲の娘は、母としてレベッカが手にした象徴的な成果なのである。

この劇を通して物語を動かしていくのはレベッカの「子ども／教え子」である。アメリカ文学者のジェニファー・マーギュリスとカレン・ポレンスキは、正義や真実や慈悲といった美徳を伝え広めるレベッカは「母系のアメリカ（a matrilineal America）」をつくり出しており、作者のローソンはそうすることによってアメリカを女性化（feminization）しようとしていると論じる。一八世紀末から一九世紀にかけてのアメリカの産業化は、男性に家の外での競争に打ち勝つ能力を求める一方、宗教心や道徳心の守護者、伝道者としての役割を女性に与えることになった。女性の卓越性とはそういったクリスチャニティに裏付けられた慈愛、無私、自己犠牲の精神であり、共和国の理念を次の世代に受け継ぐ役割であった。そのためには男性の誘惑に負けない独立した状態にあることが大切であり、自由を奪われることを精神的な奴隷状態として憎んだのである。

　作中において女性の男性に対しての卓越性や支配について言及されているために、スザンナ・ローソンの『アルジェの奴隷』は、メアリ・ウルストンクラフトの『女性の権利の擁護』などと並び英米圏のリベラル・フェミニズムの先駆けとして見なされることがある。しかし、その脚本を詳細に見ていくとそこで描かれる女性像は、新たな共和国の母により近いものであった。子どもを市民として育てるための教育者としての役割が、レベッカには担わされている。女性が男性よりも卓越しているのはクリスチャニティと密接に結びついた敬虔さ、純粋さ、無私、自己犠牲といった徳性であり、その卓越性を維持するためにも女性は男性から独立し自由である必要があった。『アルジェの奴隷』で描かれた女性像は、独立戦争によって育まれたアメリカ市民にとって容易に共有されうるものであったと言うことも出来る。

教育者としてのローソン

　一七九三年の渡米以来、フィラデルフィアでいくつかの劇を上演していたローソンは、一七九六年その活動の場をボストンのフェデラル・ストリート劇場に移す。しかし彼女のボストンでの劇場生活は短いものであった。彼女は一七九七年に演劇の世界から身を引き、ボストン市内に寄宿制の「ローソン夫人のヤング・レディズ・アカデミー」を開校した。学校で教師として若い女性を教えることは、イギリス時代からの彼女の夢であった。最初の生徒は彼女のパトロンの娘一人だったという。しかし作家としての名声が、彼女のアカデミーに多くの生徒を集めることになり、すぐに百人を超える女子生徒を抱えることになった。一八〇〇年、ローソンは手狭になったボストンの建物から、アカデミーを市内から五マイルの距離にあるメドフォードに移す。この頃には生徒はアメリカ中のみならず、北米イギリス領からも集まるようになったという。

メドフォードのアカデミーに通っていた生徒が回想した、この学校での生活を見ていこう。朝五時に起床の鐘が鳴る。生徒たちはまず朝の授業を受ける。七時に再び鐘が鳴り、生徒たちはローソンやその他の先生と朝の礼拝をする。その後朝食をとり、夕方まで授業は続く。夜九時の鐘がなると、ローソンと再び神に祈り就寝する。ローソンは生徒の服装や仕草にとても厳しく、ふさわしくない格好や振る舞いをする生徒がいると、授業中でも直すまで指導される。毎週土曜日に、ローソンはすべての生徒に対してこの一週間の立ち振る舞いについての所感を記した紙を配る。生徒同士で用紙を見せ合い、次の一週間女性としてふさわしい振る舞いや立ち姿を実践し、先生に評価してもらえるよう決意を新たにするのだった。日曜日にはローソンは生徒全員を街の教会に連れていき、時には生徒たちはそこで聖歌を歌った。

このアカデミーでは「読み」「文法」「作文」「歴史」「算術」「地理」の他に「風景画」「静物画」「肖像画」「音楽」が週二回教えられていた。これらは建国期の教育者たちが「装飾的教育」と呼んで女子教育から排除しようとしていたものだったので、ローソンの学校の女子教育は植民地時代のそれに逆行したようにも見える。ローソン研究者のマリオン・ラストは、このローソンの教育の特徴を、家庭的な美徳を身につけることが、女性が社会と関わるための近道となった一九世紀初頭の状況を反映していると分析する。そしてラストは「母」と「先生」に求められる資質が近くなったこの時代だからこそ、ローソンは教育者として成功したと指摘する。『アルジェの奴隷』を書いた一七九〇年代のローソンを、従来のイメージ通りに「女性の卓越性を掲げて権利を要求した」人物として捉えると、ローソンは世紀をまたいで大きく女性観を変えたと思ってしまうかもしれない。しかし、ローソンが『アルジェの奴隷』で主張した女性の卓越とは、クリスチャニティと密接に結びついた敬虔さ、純粋さ、無私、自己犠牲といった徳性に基づくものであった。そういう意味では、ローソンの女性観は一貫していた。

マサチューセッツ州ウースターにあるアメリカ古書協会には、このアカデミーについての大変興味深い資料が保管されている。それはサラ・B・ポロックとエリザ・ホートンという二人の生徒が一八一〇年に記した「算数」の授業のノートである。そこでは足し算、引き算から始まり、一二×一二までの掛け算の暗記表や約分、そして三数法のような公式とその応用問題が書かれている。興味深いのは、その応用問題だ。このノートの冒頭には「商取引のために必要なあらゆる公式からなる実用的算数」と書かれており、有用性が重要視されていることがわかる。オンスやポンド、インチやフィート、あるいはガロンといった日常生活で知らなければいけない単位と変

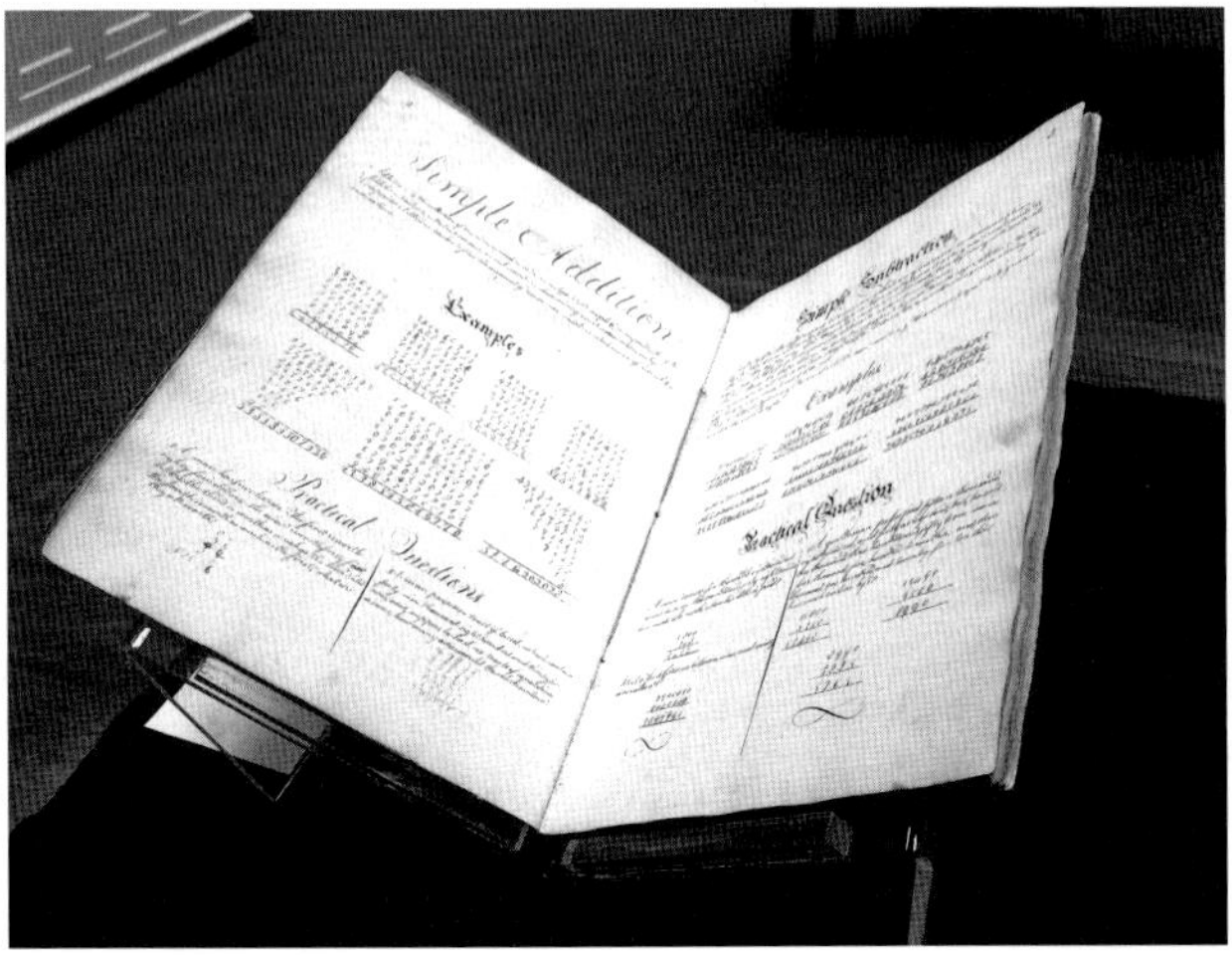

アメリカ古書協会に保存されているエリザ・ホートンによる算数のノート
（Courtesy, American Antiquarian Society）

換方法について学び、例えば割り算の練習問題として「九・七五八パイントのブランデーは何ガロンでしょうか」といった問題に取り組んでいた。その後も「利子の計算の仕方」「証券の売買について」「帳簿のつけ方」など、実用性にこだわった算数の授業が実践されていたことがわかる。

アカデミーの卒業生のなかには、そのまま同校で働き続ける者もいれば、別の学校で教師となった者もいた(8)。良き妻、良き母になるための教育を中心にすえたアカデミーであったが、教育者というキャリアへの道も限定的ではあるが開くことになった。教師という公的な仕事と家庭を司る女性の役割は背反するものではないことが重要である。『アルジェの奴隷』で詳しく検討したように、良き母親であることと良き教師であることは密接に結びついていた。ローソ

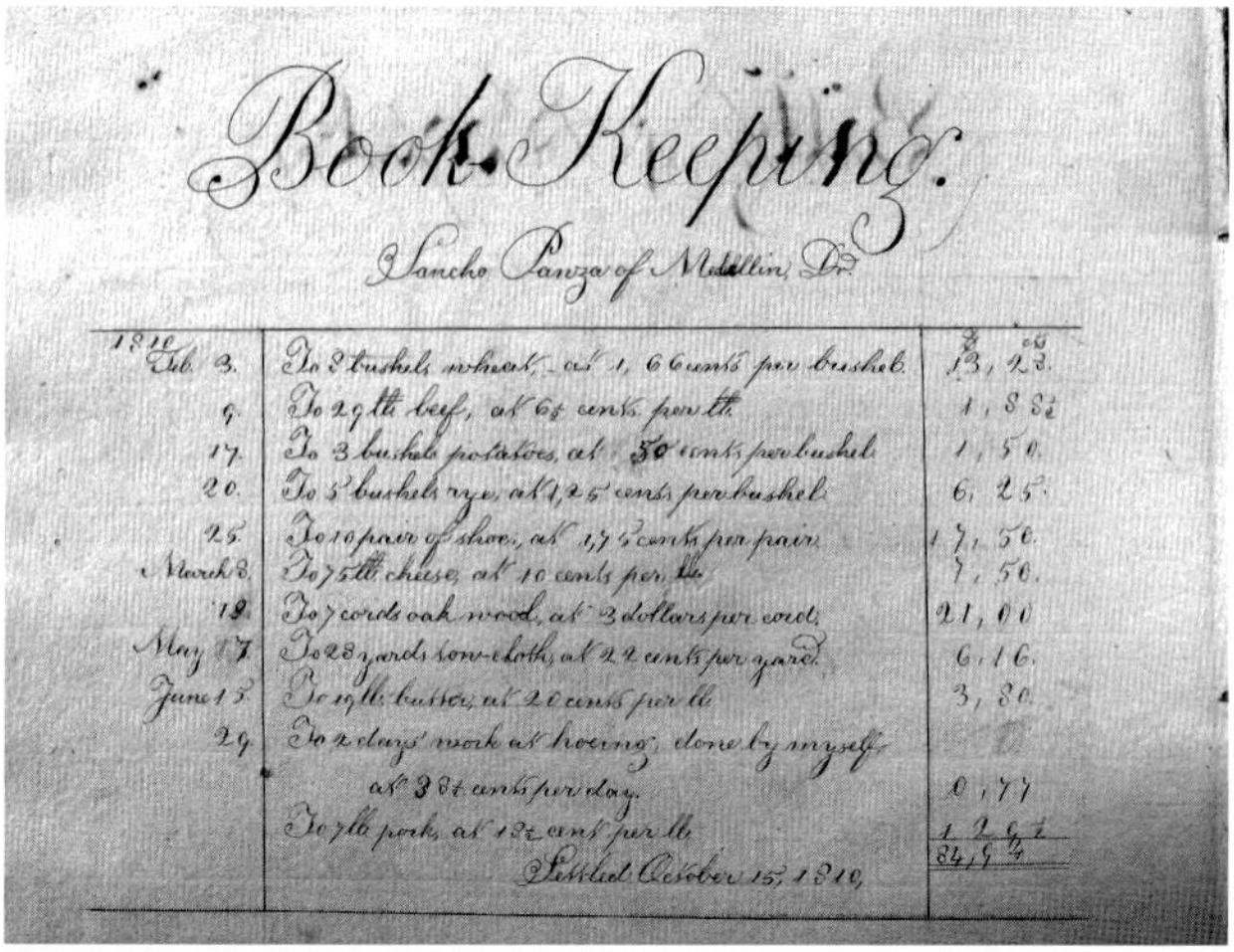

Book Keeping.

Sancho Panza of Medellin, Dr.

1810 Feb. 3.	To 8 bushels wheat, at 1, 66 cents per bushel.	13, 28.
9.	To 29 lb beef, at 6½ cents per lb.	1, 88½
17.	To 3 bushels potatoes, at 50 cents per bushel.	1, 50.
20.	To 5 bushels rye, at 1, 25 cents per bushel.	6, 25.
25.	To 10 pair of shoes, at 1, 75 cents per pair.	17, 50.
March 8.	To 75 lb cheese, at 10 cents per lb.	7, 50.
18.	To 7 cords oak wood, at 3 dollars per cord.	21, 00
May 17.	To 28 yards tow-cloth, at 22 cents per yard.	6, 16.
June 15.	To 19 lb butter, at 20 cents per lb.	3, 80.
29.	To 2 days' work at hoeing, done by myself at 38½ cents per day.	0, 77
	To 7 lb pork, at 13½ cents per lb.	1, 2…
		84, 94
	Settled October 15, 1810.	

エリザ・ホートンによる算数のノートより
（Courtesy, American Antiquarian Society）

ン自身もアカデミーの生徒との関係を擬似的な母娘関係として捉えていた一九世紀において、女性が公的領域に関わる回路としての教師というキャリアプランが、ここで築かれ始めたのである。

ローソンは一八二二年に健康上の理由からアカデミーを後継者に譲り、その二年後にはボストンで六三年の生涯を閉じた。イギリスとアメリカを行き来し、作家、劇場の運営、教育者と様々な仕事を渡り歩いたローソンであったが、彼女が一貫して取り組んだのは女性の美徳に公的な価値を見出す試みであったと言えるだろう。

コラム３ メアリ・ウルストンクラフト

建国期のアメリカにおいて女子教育をめぐる議論が高まるなかで、イギリスの作家・思想家であるメアリ・ウルストンクラフト（一七五九―一七九七）の『女性の権利の擁護』が多くの人々に読まれ、支持されていたことは注目に値する。男女平等を説き、教育やその他の権利の必要性を強く主張した『女性の権利の擁護』は、当時からイギリス国内外において「急進的」とされた著作であった。男女の非対称性が強調されていた一八世紀末のアメリカにおいて、なぜウルストンクラフトの「女性の権利」論は、幅広く読まれていたのだろうか。

『女性の権利の擁護』の特徴として、適切な女子教育の重要性が強調されることがあげられる。ウルストンクラフトはこの本の冒頭で、以下のように言う。

女性の権利について考えるにあたって、私の主張は次のような単純な原則に基づいています。もし女性が男性の同志となるための準備として教育を受けないとしたら、女性は知識の向上をやめてしまうでしょう。なぜなら、真理は全ての人に共有されなければいけないからです。それを怠ったとしたら、真理は一般的な人々の行動に影響を与えることはできなくなるでしょう。(9)（Mary Wollstonecraft, *A Vindication of the Rights of Woman*, 1792, p. 68）

メアリ・ウルストンクラフト
（Courtesy, Schlesinger Library, Radcliffe Institute, Harvard University）

　理性や知性の面では女性は男性と同等の能力を持っているというのがウルストンクラフトの信念であった。そのため彼女は女性も男性と同じ教育を受ける必要があると主張した。さらに彼女は教育を「確固たる国家事業」とする必要性を主張した。そして政府によってつくられた公立学校における男女の共学を提唱し、それこそが女性を賢く有徳な存在にする一番の方法であると結論づけた。彼女の描く公立の初等学校では、五歳から九歳までの男女が同じ教室で、「読み」「書き」「算術」「博物学」「自然科学の初歩的な実験」に加えて、「宗教」「歴史」「人類史」「政治」「植物」「機械」「天文学」が教えられる。九歳以降は男女が異なる科目を習うことを想定しつつも、なお共学であるべきだと言う。男女がお互いを尊重しあい、「ある程度の男女間の平等が確立される」と考えるからだ。彼女は国民教育についての章の終わりで「女性を解放せよ」と訴える。そうすることによって男性も女性もより聡明で有徳な存在になることができるというのである。

　こういった彼女の女子教育観は、無料の「男女共学」の学校のような一部の例外を除けば、一七九〇年代のアメリカにおいて受け入れられうるものであった。ロンドンにおいて一七九二年に出版された『女性の権利の擁護』は、同年にはボストンとフィラデルフィアで出版され、その二年後には同じくフィラデルフィアで別の出版人によってさらに一五〇〇部が出版された。フィラデルフィアでは数種類の『女性の権利の擁護』が流通し、人々に幅広く読まれるようになった。ウルストンクラフトを称える詩が新聞に載り、女性たちによる読書サークルでは『女性の権利の擁護』が頻繁に取り上げられたりした。女性が独立戦争期に共和国建設に貢献したことで、女性たちは公的な事柄への関心を抱き、自分の能力に自信を持つようになった。ウルストンクラフトの「女性の権利」論、あるいは女性も男性と同じように社会に貢献ができる存在であるという考え方は建国期のアメリカでは比較的容易に受け入れられたと言うことができる。

フィラデルフィアの教育者たちは、ウルストンクラフトの『女性の権利の擁護』をどのように読み取り、女性にどのように読んでほしいと思っていたのだろうか。ここでは、フィラデルフィアの女性向け雑誌『レディズ・マガジン』一七九二年九月号の「新刊の紹介」に掲載された抜粋を検討してみよう。

この抜粋には『女性の権利の擁護』の章立てについて、編集者チャールズ・ブラウンによる解説が挿入されている。そこでブラウンは「私たちはこの素晴らしい著者の記したもの全てに同意することはできない」と断りを入れつつ、この著書を紹介することは無上の喜びであり、そのため抜粋が大量になることが前もって告げられる。続いて序論からの抜粋は、まず現代女性の置かれた「不健全」な状況を嘆く部分から始まる。そして、女性への「教育を無視することこそが、現代の悲惨な状況の最大の要因」だという主張が紹介される。誤った教育制度のために女性は、上辺だけは大事にされているように見えつつ、その実は色恋に夢中なだけの存在になってしまっている。女性は優雅さやか弱さや思いつきを捨て、人間性を獲得しなければいけないとウルストンクラフトは論じる。

第一三章「女性の無知がもたらす愚かさのいくつかの例、女性の作法の変革から生み出されると当然のごとく期待される道徳の向上についての結論的考察」からの抜粋では、ウルストンクラフトは美徳は自由によって育てられるという、それまで男性について語られてきた原則を、人類全体へと広げることを主張する。女性が現状で愚かなのは無知だからであり、女性を本当に社会の有用な構成員とするには、彼女らの理解力を育み、知識に基づく祖国への合理的な愛情を持つよう導かれなければならない。このような認識から、ウルストンクラフトは女性にも諸権利を共有させるべきだという結論に達する。もし女性に権利がないならば、義務もないことになる。彼女は以下のように言う。

> 女性にも権利を共有させましょう。そして女性と男性の徳を競わせましょう。なぜなら女性は解放されれば、より完璧な存在になるに違いありません。そうでないとしたら、か弱い女性を義務に縛りつけているあの権威を正当化しなければいけなくなります。(同書 p. 294)

フィラデルフィアの女性向けに抜粋された『女性の権利の擁護』を読むと、女性も知性や理性や美徳を持つことができるのであり、だから女子教育が重要なのだというウルストンクラフトの主張が随所に見てとれる。そして優雅に着飾った男性の所有物のような女性像を否定し、隷属状態から抜け出した自由な状態を女性に求めつつ、女性にとっての結婚と子育ての意味が強調され、男女間の差異が随所に指摘されている。一方それと同時に、ウルストンクラフトの思想の重要な要素を構成する章や節がこの抜粋で意図的に省かれている。それが顕著なのが第三章である。この章は当時の誤った女性観を正す内容のもので、ウルストンクラフトは女性が欲望の対象となったり、抑圧されたり、行動を制限されたりする数々の現状を非難した。しかし、そのような内容の章から『レディィズ・マガジン』が抜粋したのは、幸せな結婚生活を送り夫の死後も子育てに全てを捧げる女性を賞賛する箇所であった。それ以外にも、男女の美徳に違いはないという男女の同質性についての議論や、親子の絆を否定するかのような議論、あるいは国による無償の公教育の必要性を説いたウルストンクラフトの思想の重要な要素を構成する章や節は紹介されていない。このようにして『レディィズ・マガジン』の編集者によって組み替えられたウルストンクラフトの「女性の権利」論は、ベンジャミン・ラッシュらによるフィラデルフィアの女子教育論と極めて近い特徴を持つことになった。すなわち、国家の有用な構成員として女性にも教育を授けるべきではあるが、男女の非対称的な関係は維持されなければならないという考え方である。

ウルストンクラフトの「女性の権利」論は様々な思想的要素を持った多面的な性格を持つもの

なので、こういった男女の非対称性が前面に出た議論は必ずしも彼女の思想を歪めたものであるとは断言できない。実際に彼女は女性の幸せを「理性的な母」のなかに見出していたし、公教育を論じるなかで、女子は九歳になったら男女共学の授業に加えて、裁縫や上着づくりや帽子づくりの勉強をする学校に行くべきだと主張していた。これらの部分をとらえると、当時考えられていた「男性と女性をまったく同じ存在とみなす」人物というウルストンクラフトのイメージは、あてはまらないようにも見える。いずれにせよ、フィラデルフィアにおけるウルストンクラフト受容のなかで、彼女の思想のいくつかの重要な要素が見えづらくなったと言える。建国期アメリカにおけるウルストンクラフト受容は、彼女の「女性の権利」論の全てを肯定したのではなく、彼女の主張のなかからアメリカの女性観・教育観と親和性のある部分を積極的に見出そうとした。こうしたウルストンクラフトに代表される「女性であること」を前面に出さない教育論は、一七九〇年代というわずかな期間にのみ花開いたものではあるが、女性が教育を受けることが自明のこととされていく一九世紀の教育を方向付けたことは確かであり、アメリカの教育史全体を見渡しても革新的な議論であった。

第3章　エマ・ウィラードとキャサリン・ビーチャー

義理の母であるエマ・ウィラードからトロイ女子セミナリーを受け継いだサラ・L・ウィラードは、一八七二年、引退を控えて生徒たちに最後の演説をおこなった。その演説で彼女は生徒たちに「女性的（womanly）」であり続けるようにと強調した。彼女にとって、女子教育とは女性を自らの領域に留め、その中で自らを高めるためのものであった。

女性としての特質をよく理解しさえすれば、あなたたちは自分たち固有の領域から抜け出そうなどという誘惑にかられることは決してないはずです。そしてこの学校で得たことを人々に賞賛されるためにひけらかそうなどという欲望にもとらわれることはないはずです。あなたたちは家庭を自らの高められた可能性を発揮するための豊穣なる土地と考えることになるでしょう。そこであなたたちは世界を動かす源に触れることになるでしょう。家庭とは天国の一つのかたちなのです。そこで私たちは天国へと向かうことに備えるために穏やかな慎みを育むのです。そしてその力があってこそ、全人類の力の均衡がとれるのです。女性は家庭の中心にいる存在です。とするならば、あらゆる道徳的な力の中心にいるということなのです。(*Emma Willard and Her Pupils or Fifty Years of Troy Female Seminary*, 1898, p. 31)

ここで重要なのは、女性の家庭における活動を「世界」へと結びつけている点だろう。女性の家庭における役割に公的な意味を付与するこのような理屈は、建国期以来、女子教育の現場で一貫して主張され続けた。一九世紀半ばの教育者たちは、建国期以来の女子教育思想をどのように受け継ぎ、そしていかに自分たちの時代に合わせていったのだろうか。本章ではトロイ女子セミナリーの創設者であるエマ・ウィラード(一七八七—一八七〇)と、一九世紀に女子教育推進者として最も高い名声を得たキャサリン・ビーチャー(一八〇〇—一八七八)について検討していく。

エマ・ウィラード

一九世紀アメリカで確立された白人中産階級の女性像を、歴史家は「真の女性らしさ(true womanhood)」と呼ぶ。女性史研究者のエレン・キャロル・デュボイスとリン・デュメニルは、この「真の女性らしさ」概念の特徴を三点挙げている。それは「このイデオロギーの支持者は真の女性が活躍する場所を家庭、家族、子育て、家事に限定」していたこと、敬虔や貞淑や自己犠牲といった「女性的な資質を自然に表現することを重視」したこと、「行動とリーダーシップは男性に任せ、女性はインスピレーションと補助者としての領域を守る」べきと考えられていたことである。このような女性観は、女性を家庭という領域のなかに押しとどめる力を持っていた。

そのようななかで、教師は例外的に「真の女性らしさ」を維持しながら公的領域へのアクセスを可能にする職業であった。

一八九八年に出版された自身の伝記のなかで、エマ・ウィラードは「女子高等教育のパイオニア」「女性に将来的な恩恵をもたらしたジャンヌダルク」などと讃えられている。彼女が一八二一年に設立したトロイ女子セミナリーは、高い教育水準を誇りながら女性性も維持し、しかも教師という卒業後のキャリアを示したという点で、卓越した教育者であった。

女子教育がまさにアメリカにおいて議論され始めた頃であった一七八七年、エマ・ハートはコネチカット州で生まれた。第一章でとりあげたヤング・レディズ・アカデミー・オブ・フィラデルフィアの創設と同じ年であった。ミルトンやシェイクスピアといったイギリス古典を愛する父親のもとで、エマは教養を身につけていった。一七歳で地元のビレッジ・アカデミーを卒業した後、彼女は教育者としてのキャリアをスタートさせた。まずは母校で、その後マサチューセッツ、バーモント、ニューヨークといくつかの学校で教え、バーモント時代には医師のジョン・ウィラードと結婚した。生理学や幾何学といった学問を現

エマ・ウィラード
(Courtesy, Schlesinger Library, Radcliffe Institute, Harvard University)

地の図書館で独学で身につけながら、彼女は高い教育水準の女子教育機関を作る必要性を痛感した。

ウィラードが最初に社会から注目されたのは、一八一九年にニューヨーク州議会へ請願書を提出した時だった。『人々特にニューヨーク州議会議員への演説、女子教育を向上させるための計画の提案』（以下『女子教育を向上させるための計画』）として出版もされたこの請願において、彼女は自分の学校への州による財政援助を求めた。そのために彼女は、女子教育の持つ公的な意味を強調した。

国家の現在と未来の繁栄のためにその権力を行使してできる限りのことをおこなうのは、その国を統治する政府の義務です。国家の繁栄はその市民がどのような人たちかによって左右されます。そういった市民の特性は彼らの母親によって形づくられるのです。そして母親を通して国家の繁栄を保証できるように市民を形づくることで、政府は未来の市民の特性を管理することができます。(Emma Willard, *An Address to the Public Particularly to the Members of the Legislature of New York, Proposing a Plan for Improving Female Education*, 1819, p. 15)

子どもを育てる母親に公的な意味を持たせるウィラードの主張は、第一章で検討した建国期の女子教育論と通じるものがある。彼女は女子教育における家庭性を重視する。女性にとって社会の良き構成員となることは、「家庭における良き妻、良き母、良き女主人」であることと同義であるとウィラードは見なしていた。

家庭における妻や母という役割に加え、ウィラードは教育を受けた女性の社会的な役割としてもう一つのものを想定した。それが教師としての役割であった。彼女はまず、女子生徒を教えるのは女性教師であるべきと主張する。

> 女性的な繊細さは、女子が主に同性によって教育されるということを要求します。このことは女性独自の身体や都合、服装や振る舞いの作法、そして家庭的な特質を考慮にいれれば明らかなことです。(同書、p. 6)

そのうえでウィラードは請願書の後半部分で、女性の美徳を考えるならば、男子も女子も女性教師によって教えられることが好ましいと議論を進めた。教師に必要な資質を考えた場合、女性の方が男性よりも優れていると彼女は主張した。穏やかさ、柔軟さ、忍耐などが教員になるために必要な女性独自の資質とされた。それに加えて、女性の方が男性よりも教師として安く雇用することができるから、女性の方が教員には好ましいと主張した。以上のように、この請願書において女子教育の有用性が、自らの学校への財政支援の根拠として強調された。女性のための中等・高等教育機関が数多くつくられることによって、教養ある女性が社会に輩出される。彼女らが母

1830年代のトロイ女子セミナリー（Courtesy, American Antiquarian Society）

親として良き市民を育成する。それに加えて安価で優秀な女性教師が全国の学校に派遣されることで、子どもたちは家庭だけでなく学校においても好ましい成長を遂げ、アメリカは繁栄する。ここで展開される女子教育の推進は、男女の平等な権利を求めるものではなく、男女の差異に積極的な意味を見出そうとする主張であった。

彼女の『女子教育を向上させるための計画』は、彼女の学校に財政的な援助をもたらすという目的から考えると、すぐには成果をあげたとは言いがたい。ニューヨーク州議会はウィラードの学校への財政支援を否決した。しかし、彼女の請願書は女子教育の持つ公的な意義を明確にしたという意味で、社会に大きなインパクトを与えた。一八九八年の彼女の伝記では、『女子教育を向上させるための計画』を「教育を受ける女性の権利のマグナ・カルタ」とまで呼んでいる。ニューヨーク州知事のデウィット・クリントンを始め、ジョン・アダムズやトマス・ジェファソンも彼女の教育論を擁護したという。バージニア州知事ジェームズ・バーバーはウィラードを熱烈に支持する書簡を送った。そこではバーバーは、「子どもの教育こそが大人になってからの特性を九九パーセント決定づけるもの」なのだから、ウィラードの計画は「明らかに正しいものであり、人々に強い印象を与えそこなうことがありえない」ものであると記し、いまだ残る女子教育への偏見を取り除く必要性を語った。

公的な財政支援を得ての女子教育機関の設立というウィラードの願いは、一八二一年にニューヨーク州オルバニー近郊の街トロイに、トロイ女子セミナリーを設立したことで成就した。奨学金制度を設け、古典古代の歴史や哲学からラテン語、代数学や幾何学といった高度な教育が実践されることになった。また、彼女はこのセミナリーで用いるためのテキストを自ら大量に執筆・出版した。特に一八二九年に第一版が出版された『合衆国の歴史』は、一四九二年のコロンブスのアメリカ大陸到達から一八二五年のジョン・クインシー・アダムズの大統領就任までを記した五〇〇ページ近い大著だ。このように、ウィラードはトロイ女子セミナリーの教育の質について細心の注意を払い続けた。一八三七年には、同校の卒業生を中心とした全米規模の教員組織をつくり、卒業生たちの教師としての質的向上も図られた。

一八三八年に彼女はセミナリーの運営を息子夫婦に譲る。執筆活動と並行して全米を旅行し、各地の学校教育システム改善のための助言をしたり、教師をしている卒業生のもとを訪ねるなど、女子教育推進の情熱は衰えなかった。一八七〇年にトロイで亡くなった後も彼女の名声は衰えず、一八九五年にはトロイ女子セミナリーはエマ・ウィラード・スクールとその名を変えた。同年に新たに建てられた講堂の落成式で、彼女は「女子教育の福音者」と讃えられたという。エマ・ウィラード・スクールは現在に至るまで、寮制の女子校としてトロイにて女子生徒の教育を続けている(10)。

キャサリン・ビーチャー

エマ・ウィラードより少し後の時代に、女性の教師としての適性を訴えた著名な教育者キャサリン・ビーチャーの主張にも、子どもを育てる「母」としての資質の延長に「教師」を見据える女性観が見てとれる。

キャサリン・ビーチャーは長老教会の著名な聖職者であったライマン・ビーチャーを父に、一八〇〇年にニューヨーク州ロング・アイランドで生まれた。妹には『アンクル・トムの小屋』を書いたハリエット・ビーチャー・ストウがいる。コネチカット州の学校で教育を受けた後、ビーチャーは教師としての仕事についた。一八二三年にコネチカット州でハートフォード女子セミナリーを設立したことを皮切りに、彼女はいくつかの学校の設立に関わることになるが、彼女を高名にした活動は教育活動そのものよりも、女子教育を推進する活動であったというべきであろう。一八五二年にアメリカ女子教育協会を設立し、女性教師育成のための資金集めをおこなった。また、全国で遊説し、教師こそ女性の天職であるという主張を繰り広げた。

ビーチャーはその著作『アメリカの女性と子どもが被った害悪―その原因と救済案』（一八四六年）において、西部の各地に女性を教員として派遣する計画を披露し、「我が国の女性の卓越した特徴と彼女らの手に握られた大いなる影響力」を行使するために以下のように呼びかけた。

アメリカの女性の道徳的で知的な優れた特徴、彼女らに委ねられた指導的な立場、そしてもう一方の性から向けられる寛大な眼差しは、すべての外国人から賞賛されるものです。この二、三年の私の関心は、その知性と卓越性を各地のコミュニティで存分に発揮する女性たちを見つけ出すことです。そして私のなかに心からの慈しみの心と愛国的な誇りが沸き上がります。高い教育を受け純粋で道徳的な心を持った多くの女性たちよ、慎み深くありながらあふれ出る活力でもって、私たちの責務のためにひとつになろうではありませんか。(Catharine Beecher, *The Evils Suffered by American Women and American Children*, 1846, p. 11)

ビーチャーによれば、女性は性別固有の美徳ゆえに教師に適性を示す。敬虔で愛にあふれ私欲に走らない女性は、子どもを育てるのにふさわしいと彼女は考えた。「母親」の延長に「教師」を置くことによって、女性は生まれながらの教師であるという主張を繰り広げたのだ。つまり、子どもを育てるのは女性の役割であり資質であるという価値観において、建国期の女子教育にお

キャサリン・ビーチャー
（Courtesy, Schlesinger Library, Radcliffe Institute, Harvard University）

ける女性観と一九世紀の教職は女性の天職であるという考え方は繋がっているのである。

ビーチャーは女性固有の徳性を生かすために、男性と同等の権利を求めることを諦めるように女性に語りかけた。彼女によれば、この国では社会的、市民的事柄について女性も男性と同じように関心を持っているが、女性の家庭内での特権をしっかりと確保するためには、「家庭では従属的な立場をとり、市民的、政治的事柄については利害を男性に委ね、参政権や立法や行政に関わることを放棄しなければいけない。」直接的な関与を断念することで、ようやく公的な事柄に関わることができるという構図は、建国期の女性観を受け継ぐものであった。

しかし、建国期と比べると家の外で労働をする女性が増えた一九世紀半ばのビーチャーの時代では、女性という一枚岩の集団を想定することは困難であった。ビーチャーはそのことを強く自覚しており、女性労働者との連帯を模索し続けた。彼女はアメリカの全ての女性はしっかりとした教育を受けて、教職を目指すべきだと主張した。彼女の階級を乗り越えようとする計画は理想主義的なものだったかもしれないが、「真の女性らしさ」に代表される当時の中産階級的女性像を女性労働者にも行き渡らせようと考えていた当時の教育者たちの願いをうかがい知ることができる。キャサリン・ビーチャー研究の第一人者であるキャサリン・スクラーは、この階級横断的な女子教育の理想を彼女が抱いたきっかけとして、マサチューセッツ州ローウェルの紡績織布工場での女性たちの労働を目の当たりにしたことをあげる。ビーチャーには女性が工場で搾取されている状態は耐えがたいものであった。同じ低賃金でも、女性教師は共和国の構成員を育成するという公的で崇高な意味がある以上、工場労働よりもはるかに女性にふさわしい仕事に彼女には感じられた。工場労働は男性にまかせ、女性は教師として全国各地を強化していくという役割分担が、ビーチャーにとっては適切なものに思えた。しかし現実には、ビーチャーの思い描いた階級を超えた女性の連帯の実現は困難なものであった。「真の女性らしさ」という言葉に象徴されるような女性教師を育成する根拠が、そもそも白人中産階級的な価値観にしっかりと根をおろしたものであったことが、最大の要因であったと考えられる。

女子教育と権利運動

ビーチャーは女性の特権を確保するために参政権や立法や行政に関わることを放棄する必要性を説いた。その背景には一八四〇年代に婦人参政権を求める声がアメリカの女性のなかから出始めたことがある。一九世紀半ばの「女性の権利」論は、奴隷制廃止運動や禁酒運動への女性の関わりを経て、夫婦間の法的な平等や参政権を求める運動にまとまっていった。そして一八四八年にエリザベス・ケイディ・スタントンやルクレシア・モットらがニューヨーク州セネカ・フォールズで会合を開いて、婦人参政権を含めた様々な権利を求める宣言書を発表した。

一九世紀半ばから始まった婦人参政権運動は、女性の特権は家庭のなかで培われると考えるビーチャーのような多くの女性たちの共感を得られなかった。そのため一九世紀の「真の女性らしさ」概念と「女性の権利」論は相反するものとして捉えられがちである。しかし、近年の女性史研究が明らかにしたように、婦人参政権運動も白人中産階級の女性たちによる運動であり、女性労働者や黒人女性との連帯はほとんど実現できなかった。この時代に女性の権利獲得のための運動に参加した女性の多くは、スタントンやモットに代表されるように、奴隷制廃止や禁酒といった社会的な活動の経験者であった。道徳改良運動に女性が多く関わったのは、女性は男性に比べて道徳的であり敬虔であるという女性観があったからである。[11] そういう意味では、一九世紀の「女性の権利」論も、「真の女性らしさ」概念と同じく、女性の家庭に根ざした徳性を強調する白人中産階級の女性観から生まれたものといえる。このような女性運動の主体としての白人中産階級女性という限界は、南北戦争後により際立つことになる。憲法修正第一四条、第一五条によって黒人男性の参政権が認められようとした時、女性運動は人種主義的な側面を強く表すことになった。高い教育を受けた道徳的な白人女性よりも先に、無教養な黒人男性に選挙権を与えることは社会の不利益になるという主張が、公然と女性運動の中から現れるようになった。人種や階級を超えた連帯の困難さという問題は、ビーチャーの女性教師育成の試みでも、女性の権利運動においても、共通して見てとれるものであった。

近年、建国期と一八四〇年代以降の「女性の権利」論の繋がりを探ろうとする試みもされるようになってきた。例えば政治哲学者のエイリーン・ボティングとクリスティーネ・ケアリーは、メアリ・ウルストンクラフトの『女性の権利の擁護』が、スタントンら一九世紀の女性運動家にどの程度影響を与えたのかについて検討している。「共和国の母」から「真の女性らしさ」への繋がりは現代の多くの人が言及している一方、この二つの概念に共通する問題点を指摘する声も多い。これからのアメリカ女性史研究は、建国期から続く家庭性を中心とした女性観と一九世紀半ばの女性の権利運動との繋がりを、妻・母という立場に基づく女性の徳性の議論と密接に関連づけながら検討する必要がある。

この章では一九世紀の「真の女性らしさ」概念が女性教師育成の、そして女子教育推進の根拠として用いられてきたことを、女性の権利運動との関係と合わせて考えてきた。女性教師を育成する試みにおいても、女性の権利運動においても、そこで想定された女性像は白人中産階級の女性による限定的なものであり、家庭に根ざした女性独自の徳性を発揮することを出発点にしていることが共通している。もちろんこれらの概念が人種や階級の面では限定的なものであったことに注意する必要がある。しかしそれぞれの時代の社会や政治、あるいは経済の影響を受けながら、女性像が世代を超えて受け継がれて語られたことは事実である。建国期の女子教育をめぐる議論はその出発点であり、一九世紀の女子教育をめぐる議論においても受け継がれていったと位置づけられる。

おわりに　共和国の母と新しい時代の女性

本書では建国期から一九世紀半ばまでのアメリカ合衆国における女子教育の展開について、いくつかの学校や教育者に焦点をあてて検討してきた。そこでキーワードとなったのは「家庭性」という女性の美徳であった。建国期の先駆的な女子中等教育機関であるヤング・レディズ・アカデミー・オブ・フィラデルフィアでは、女子教育を社会に受け入れされるために生徒と家庭との繋がりに細心の注意が払われたし、アカデミーを卒業した後に家庭で有用な知識を授けようと教育者たちは努めていた。もっとも、その学校に通う生徒が、そのような女性と家庭との繋がりを強調するような言説全てを受け入れたわけではなかったことは、第一章で明らかにしたとおりである。教育を授ける側と受ける側の意識のずれは、教育史を見ていくうえで忘れてはいけないポイントだ。

女性の美徳、特に母としての特性に公的な意味を付与するという初期アメリカの女性観は、スザンナ・ローソンによる『アルジェの奴隷』にも見てとれる。この劇の中心人物であるレベッカには、若者を教化し導く自立した母親／教師という役割が担わされていた。教師と生徒の関係に母と子の関係を重ね合せる考え方は、ローソンが後年設立したアカデミーの教育においても実践された。エマ・ウィラードやキャサリン・ビーチャーといった一九世紀の教育者たちは、このような女子教育のあり方を受け継ぎ、女性の天職としての教師というキャリアへの道筋を切り開いていった。

以上のような母親としての役割に公的な意味を持たせる初期アメリカの女性観のことを、今日の歴史家は「共和国の母」と呼んでいる。本書のおわりに、「共和国の母」という視角を女子教育史のなかで捉え直すことを試みる。「共和国の母」と呼ばれる概念は歴史家リンダ・カーバーが、アメリカ政治史の特に「共和国思想」研究の進展をふまえて用いはじめたものであり、これによって建国期における女性の存在により複雑な意味が与えられるようになった。カーバーの考える「共和国の母」とは、有徳で愛国的な子どもを育てることによって女性が国を支えていくという考え方である。この考え方は女性と国家との関係を解く手がかりとして、歴史家のあいだで注目された。この概念によれば、女性は市民ではあるが投票者ではない。女性は立法府に請願する事はできても要求はできない。女性はより良き母となるための教育を受ける事は奨励されても、男性と同じ仕事をするための教育は奨励されない。しかし、女性は未来の市民を育て上げるという意味で、国家に対してもっとも重要な役割を担っているのである。

「共和国の母」論によると、建国期以後、女性は自分の子どもを育てるだけでなく国家を支える市民を育てるという公の使命を帯びたのであり、有徳の、信仰心篤い、教育のある、また機会均等の中で経済競争にも打ち勝っていく市民を育てるとされた。つまり女性はその子どもを「共和国の市民」として育てることによって、国家建設というプロジェクトに関与することができ、そのためにその母となるべき女性の教育も急務となったと考えられたのである。ただしここで気をつけたいのは、多くの女性にとってアメリカ革命は著しい政治化の経験であったが、この新たにつくられた共和国は政治的存在としての彼女らにほとんどスペースを与えなかったということである。逆説的な言い方をすれば、女性の政治への参加は政治への直接的参加の否定によって可能にされたことにもなる。前節で述べたように独立戦争を通して急激に公的なものに関与することに関心を示した女性を、革命後再び家庭へと戻す装置として「共和国の母」イデオロギーを捉えることができる。

建国期の女性教育について考えるうえで「共和国の母」論が重要なのは、それが女性自身に「教育者」という側面を与えていたということである。つまり子どもたちにとって最初の教育者である「母」という役割が女性にとって最も重要な社会的役割とされていたのであり、その教育者としての正しい資質を身に付けることこそが、女子教育の大きな意味と考えられていたのである。「(生徒として) 教育を受ける」ことと「(母親として) 教育を授ける」ことが不可分に結びつき、新たな共和国の構成員をつくりあげる手段としての教育に女性が密接に関わることになったのが、建国期の女子教育の特徴である。そのため、教育者としての女性に求められるのは知識だけではない。女性も共和国の一員としての価値観を共有しなければいけないのである。ベンジャミン・ラッシュは女子教育の必要性について以下のように主張する。

彼女たちは女子教育の通例の教科を教えられるほかに、自由と政治の諸原理を教えられ、そして愛国心の義務を植えつけられなければならない。子どもの心に対する最初の印象は一般的に女子から得られるものである。したがって彼女たちが自由と政治という大きな問題について正しい考えをもっているということが、共和国においていかに重要なことであるか。

（Rush, *A Plan for the Establishment of Public Schools and the Diffusion of Knowledge in Pennsylvania*, 1786 pp. 33-34）

このように女子教育に社会的な意味が与えられたのが建国期であるとするならば、男性の教育と女性の教育とではその目的も内容もおのずと異なるものになるはずだ。産業化が進むなかで女性は家族および社会に奉仕し、男性は競争社会において自由に個人の能力を発揮するという、二つの生き方を矛盾することなく共存させることが初期アメリカの課題であり、女子教育にはそれを調整する役割も与えられていたのだ。

第三章で取り上げた、一九世紀アメリカでにおける女性像である「真の女性らしさ」は、一世代前の「共和国の母」ととても似ている。デュボイスとキャロルは母性を女性の存在そのものの中心に置く「真の女性らしさ」のルーツを、建国期の「共和国の母」イデオロギーであると指摘する。同様に歴史家のサラ・エヴァンズも、一九世紀前半に従順や清純といった美徳のなかに「家庭性」を覆い隠すことによって再定義された「共和国の母」が、「真の女性らしさ」だと論じた。

エヴァンズによれば、この時代に中産階級が拡大したことが、公と私、男性と女性の枠組みをつくり替えることになった。いずれにせよ、女性の社会的役割を家庭に限定する「共和国の母」イデオロギーが、一九世紀の家庭における敬虔・純潔・従順・賢明を女性の美徳とする「真の女性らしさ」へと受けつがれたというのが、従来の女性史研究の理解であった。

しかし、このような歴史観には、近年批判が加えられるようになった。一つは「真の女性らしさ」概念も「共和国の母」イデオロギーと同様に白人中産階級の女性に限定されるべきものだという点だ。一九世紀に入ると、建国期以上に家庭の外で働く女性が増加した。ローウェルの紡績織布工場のように多くの女性労働者が働く工場が各地につくられると、家庭で家事や子育てをすることこそが女性の幸せであるというコンセンサスを白人の中ですら得られなくなっていった。二つ目は領域分離概念つまり男性と女性の領域を想定する考え方そのものへの批判である。「領域分離概念」を批判する立場からすると、女性が家庭という私的領域の中に留まっていたという考え方は再考する必要がある。確かに一九世紀に入ると白人中産階級の多くの女性たちは自発的に宗教的あるいは道徳的な団体をつくり、様々な活動をしていた。白人中産階級の女性も積極的に家庭の外で活動をしていたのなら、「真の女性らしさ」概念はより幅広く解釈し直す必要がある。

しかし、本書で詳しく検討した一九世紀の女子教育機関と教育者からは、「共和国の母」的な女性の公的な役割に対する強い使命感が依然として見てとれる。確かに白人中産階級の理想化された女性像であったのかもしれないが、「共和国の母」イデオロギーは一九世紀の女子教育史を考察するうえで未だに不可欠な視角であり続けている。

現代の卓越したアメリカ女性史研究者であるメアリー・ケリーは「共和国の母」イデオロギーの解釈を発展させた「ジェンダー化された共和国思想（gendered republicanism）」という概念で、初期アメリカの女子教育の捉え直しを試みている。ケリーはその本の最後で、アメリカの教育者や生徒たちの経験や試みを以下のように記述した。

ほとんど躊躇することなく、彼女らはジェンダー化された共和国思想の価値と言葉に包まれた教育を受け入れた。教育のなかに含意されたジェンダー関係の支配的なシステムに挑んでは跳ね返されながらも、彼女らは個人的な希望と社会的なしがらみの間で一進一退を繰り返した。彼女らが作り上げた道のりと見つけだした戦略は多様で複雑なものだった。何十年もかけて、彼女らは自分たちが選んだ選択肢を見直し改善させていった。地方で、地域で、そして国家規模で、彼女らは人々の思いをつくりあげていく存在になった。そういった過程を通して、彼女らは女性の公的な活動との関係を組み替える役割を担い、それは今日に受け継がれる不朽の遺産となった。（Mary Kelley, *Learning to Stand and Speak*, 2006, p. 279）

カーバーが用いた「共和国の母」という概念には、公的な事柄に関与することを望む女性を家庭に閉じ込める装置という側面と、家庭性を突破口として公的な事柄に関わるための手段という二つの側面があった。後者の側、すなわちたとえその教育が当時の女性観に限定されたものであったとしても、女性が教育を受けること、学校に通うこと、教師になることには公的な意味があったことに今一度注目することで、初期アメリカの女性教育史はより研究しがいがあるものとなるのではないだろうか。

後記

一九世紀の女性は（そして実は男性も）、当時のジェンダー秩序によって確かに抑圧されていたのかもしれない。しかし、彼女らはジェンダー秩序を巧みに利用することで、公的な事柄にアクセスしていった。そのような内容を授業ですると、多くの学生は目を輝かせて聞いてくれます。抑圧やシステムや権力に対してしたたかに向きあう民衆について知ることは、歴史を学ぶことの醍醐味だと感じます。大学院生の頃、ヤング・レディズ・アカデミー・オブ・フィラデルフィアの演説集を読んで、アメリカ史の概説書に書かれていた「共和国の母」の説明とは遠く離れた女子生徒たちの想いの丈に、大変驚きわくわくしたことを今でも思い出します。

しかし研究を進めていくと、「共和国の母」という概念そのものに大変な深みがあることに気づかされました。スザンナ・ローソンが、エマ・ウィラードが、そして歴史にその名を残すことはないような教師や生徒たちが、「共和国の母」的なジェンダー秩序を利用して、自らを公的な存在に組み替えていく様は、こちらもとてもスリリングなものに思えました。本書を通してそのような歴史の面白さをほんの少しでも伝えられたのなら、それに勝る喜びはありません。

本研究はＪＳＰＳ科研費（若手研究（Ｂ）「アメリカにおける公教育の確立と『女性性』の相関―英仏との思想的交流の文脈から」課題番号17Ｋ１８１９７）の助成を受けたものです。最後に、冨岡悦子所長をはじめ、鶴見大学比較文化研究所所員の皆様に、本書を執筆する機会を与えてくださったことを心より感謝いたします。

（1）合衆国憲法が発効された一七八八年までのアメリカの〝states〟はそれぞれが主権を持つ独立した存在であり「州」と訳すのは不適切である。本書では一七八八年以前の〝state〟はカタカナで「ステート」と表記する。

（2）ラッシュは女子教育に不要なものとして、楽器演奏、フランス語、絵画を挙げたが、いずれの主張もその有用性の欠如が根拠となっていた。

（3）ベンジャミン・ラッシュも同様に学生が寮生活をすることに反対を表明し、放課後に生徒同士を引き離し家庭に戻すことは子どもたちを堕落から守り徳を育てるためにも必要であるという主張をしている。Rush, *A Plan for the Establishment of Public Schools and the Diffusion of Knowledge in Pennsylvania* 20-21.

（4）本書やコットが用いる「功利主義」あるいは「功利的」といった用語は、ベンサムやミルが倫理学の分野で主張し、現代政治哲学の分野においても議論されているような厳密なものではない。ここでの「功利主義」とは物事の価値を「有用性（utility）」によって判断する考え方をあらわすものである。

（5）出版当時のタイトルは〝Charlotte: A Tale of Truth であり〝Charlotte Temple というタイトルになったのは、フィラデルフィアにおいて第三版が出版された一七九七年のことであった。

（6）本書における『アルジェの奴隷』の引用は、以下の版をもとにしたものである。Susanna Rowson, *Slaves in Algiers; or, A Struggle for Freedom*（Acton, MA: Cople, 2000).

（7）本作では〝freedom〟も〝liberty〟も同じように用いられている。

（8）例えばハンナ・スワンはマサチューセッツ州メドフォードで教師となり、ローソンとは本の貸し借りをするなど交流が続いていたことが、ローソンの伝記からわかる。

（9）本書における『女性の権利の擁護』の引用は、以下の版をもとにしたものである。Mary Wollstonecraft, *A Vindication of the Rights of Men and A Vindication of the Rights of Woman*（Cambridge: Cambridge University Press, 1995).

（10）エマ・ウィラード・スクールのホームページを参照。（https://www.emmawillard.org/page）

（11）エリザベス・ケイディ・スタントンはトロイ女子セミナリーの卒業生であった。

主要参考資料

1. Manuscript Sources

Houghton, Eliza. *Practical Arithmetic, 1810* (American Antiquarian Society).

Mathew Carey Papers, 1795-1859 (American Antiquarian Society).

Pollock, Sarah B. *Practical Arithmetic, 1810* (American Antiquarian Society).

2. Published Sources

Beecher, Catharine. *A Treatise on Domestic Economy, for the Use of Young Ladies at Home and at School*. New York: Harper & Brothers, 1841.

———. *The Evils Suffered by American Women and American Children: The Cause and the Remedy*. New York: Harper & Brothers, 1846.

Cobbett, William. *A Kick for a Bite, or, Review upon Review: With a Critical Essay on the Works of Mrs. S. Rowson, in a Letter to the Editor or Editors of the American Monthly Review*. Philadelphia: Thomas Bradford, 1795.

Godwin, William. *Memoirs of Mary Wollstonecraft Godwin, Author of "a Vindication of the Rights of Woman."* Philadelphia: James Carey, 1799.

Jefferson, Thomas, Merrill D. Peterson ed. *Thomas Jefferson: Writings*. New York: The Library of America, 1984.

Murray, Judith Sargent. *The Gleaner: A Miscellaneous Production*. Boston: I. Thomas and E.T. Andrews, 1798.

Neal, James Armstrong. *An Essay on the Education and Genius of The Female Sex*. Philadelphia: Jacob Johnson, 1795.

Philmore, Joseph. *An Address on the Importance of Female Education*. Philadelphia: Robert Smith, 1788.

Rowson, Susanna. *Mentoria: Or the Young Ladies Friend*. Philadelphia: n. p., 1794.

———. *Exercises in History, Chronology, and Biography*. Boston: Richardson and Lord, 1822.

Rowson, Jennifer Margulis and Karen Poremski. *Slaves in Algiers, or, A Struggle for Freedom*. Acton, Mass.: Copley Pub. Group, 2000.

Rush, Benjamin. *A Plan for the Establishment of Public Schools and the Diffusion of Knowledge in Pennsylvania*. Philadelphia: Thomas Dobson, 1786.

———. *Thoughts upon Female Education: Accommodated to the Present State of Society, Manners, and Government, in the United States of America*. Boston: Samuel Hall, 1787.

———. *Syllabus of Lectures, Containing the Application of the Principles of Natural Philosophy, and Chemistry, to Domestic and Culinary Purposes*. Philadelphia: Andrew Brown, 1787.

Swanwick, John. *Thoughts on Education, Addressed to the Visitors of the Young Ladies Academy in Philadelphia, October 31, 1787*. Philadelphia: Thomas Dobson, 1787.

Willard, Emma. *An Address to the Public Particularly to the Members of the Legislature of New York, Proposing a Plan for Improving Female Education*. Albany: I. W. Clark, 1819.

Wollstonecraft, Mary. *A Vindication of the Rights of Woman*. London: Joseph Johnson, 1792.

Emma Willard and Her Pupils or Fifty Years of Troy Female Seminary, 1822-1872. New York: Russel Sage, 1898.

The Lady's Magazine, and Repository of Entertaining Knowledge. Philadelphia: Gibbons, 1792-1793.

The Rise and Progress of the Young Ladies Academy of Philadelphia. Philadelphia: Stewart and Cochran, 1794.

The Albany Argus (Albany).

Aurora General Advertiser (Philadelphia).

The Philadelphia Gazette and Universal Daily Advertiser (Philadelphia).

Philadelphia Repository (Philadelphia).

Porcupine's Gazette (Philadelphia).

3. Secondary Sources

Branson, Susan. *These Fiery Frenchified Dames: Women and Political Culture in Early National Philadelphia*. Philadelphia: University of Pennsylvania Press, 2001.

Cott, Nancy F. *The Bonds of Womanhood: "Woman's Sphere" in New England, 1780-1835*. New Haven: Yale University Press, 1977.

DuBois, Ellen Carol and Lynn Dumenil, *Through Women's Eyes: An American History with Documents*. Boston: Bedford / St. Martin's, 2005.『女性の目から見たアメリカ史』石井紀子他訳、明石書店、二〇〇九年。

Evans, Sara M. *Born for Liberty: A History of Women in America*. New York: Free Press Paperbacks, 1989.『アメリカの女性の歴史―自由のために生まれて』竹俣初美、小檜山ルイ、矢口祐人訳、明石書店、一九九七年。

Gordon, Lyndall. *Vindication: A Life of Mary Wollstonecraft*. New York: Harper Perennial, 2005.

Kaestle, Carl F. *Pillars of the Republic: Common Schools and American Society, 1780-1860*. New York: Hill and Wang, 1983.

Kerber, Linda K. *Toward an Intellectual History of Women*. Chapel Hill: The University of North Carolina Press, 1997.

Kerber et al. eds. *Women's America: Refocusing the Past*. New York: Oxford University Oress, 2015.『ウィメンズ・アメリカ　資料編』『ウィメンズ・アメリカ　論文編』有賀夏紀他訳、ドメス出版、二〇〇〇年、二〇〇二年。

Kelley, Mary. *Learning to Stand and Speak: Women, Education, and Public Life in America's Republic*. Chapel Hill: The University of North Carolina Press, 2006.

Klepp, Susan E. *Revolutionary Conceptions: Women, Fertility, and Family Limitation in America, 1760-1820*. Chapel Hill: University of North Carolina Press, 2009.

Nash, Margaret A. *Women's Education in the United States, 1780-1840*. New York: Palgrave Macmillan, 2005.

Nathans, Heather S. *Early American Theatre from the Revolution to Thomas Jefferson: into the Hands of the People*. Cambridge: Cambridge University Press, 2003.

Norton, Mary Beth. *Liberty's Daughters: the Revolutionary Experience of American Women, 1750-1800*. Boston: Little

Brown, 1980.
Richards, Jeffrey H. *Drama, Theatre, and Identity in the American New Republic, Cambridge Studies in American Theatre and Drama*. Cambridge: Cambridge University Press, 2005.
Rust, Marion. *Prodigal Daughters: Susanna Rowson's Early American Women*. Chapel Hill: The University of North Carolina Press, 2008.
Tolley, Kimberley. *The Science Education of American Girls: A Historical Perspective*. New York: Routledge Falmer, 2003.
Yeo, Eileen Janes, ed. *Mary Wollstonecraft and 200 Years of Feminisms*. London: Rivers Oram Press, 1997.『フェミニズムの古典と現代—甦るウルストンクラフト』永井義雄、梅垣千尋訳、現代思潮新社、二〇〇二年。
Woody, Thomas. *A History of Women's Education in the United States*. New York: Science Press, 1929.
Zagarri, Rosemarie. *Revolutionary Backlash: Women and Politics in the Early American Republic*. Philadelphia: University of Pennsylvania Press, 2007.

有賀夏紀、小檜山ルイ編『アメリカ・ジェンダー史研究入門』青木書店、二〇一〇年。

梅垣千尋『女性の権利を擁護する—メアリ・ウルストンクラフトの挑戦』白澤社、二〇一一年。

坂本辰朗『アメリカ教育史の中の女性たち—ジェンダー、高等教育、フェミニズム』東信堂、二〇〇二年。

佐久間亜紀『アメリカ教師教育史—教職の女性化と専門職化の相克』東京大学出版会、二〇一七年。

藤本茂生『アメリカ史のなかの子ども』彩流社、二〇〇二年。

【著 者 紹 介】

鈴木　周太郎（すずき　しゅうたろう）

1977年静岡県生まれ．2012年一橋大学大学院社会学研究科博士課程修了，博士（社会学）．一橋大学大学院社会学研究科特任講師を経て，鶴見大学文学部専任講師，2017年より鶴見大学文学部准教授．専攻・専門はアメリカ史，ジェンダー史．著書に『アメリカ・ジェンダー史研究入門』（共著、青木書店、2010年），『ジェンダーと社会』（共著、旬報社、2010年）など．

〈比較文化研究ブックレットNo.16〉

アメリカ女子教育の黎明期

―共和国と家庭のあいだで―

2018年３月25日　初版発行

著　　者　鈴 木 周 太 郎
企画・編集　鶴見大学比較文化研究所
〒230-0063　横浜市鶴見区鶴見2-1-5
鶴見大学６号館
電話　045（580）8196
発　　行　神奈川新聞社
〒231-8445　横浜市中区太田町2-23
電話　045（227）0850
印 刷 所　神奈川新聞社クロスメディア営業局

定価は表紙に表示してあります。

「比較文化研究ブックレット」の刊行にあたって

比較文化は二千年以上の歴史があるが、学問として成立してからはまだ百年足らずである。近年、世界のグローバル化に伴いその重要性は増してきている。特に異文化理解と異文化交流、異文化コミュニケーションといった問題は、国内外を問わず、切実かつ緊急の課題として現前している。同時多発テロの深層にも異文化の衝突があることは誰もが認めるところであろう。

さらに比較文化研究は、あらゆる意味で「境界を超えた」ところに、その研究テーマがある。国家や民族ばかりではなく時代もジャンルも超えて、人間の営みとしての文化を研究するものである。インターネットで世界が狭まりつつある二十一世紀が、同時多発テロと報復戦争によって始まったことは歴史のパラドックスであろう。文化もテロリズムも戦争も、その境界を失いつつある現在、比較文化研究はその境界を超えた視点を持った新しい学問なのである。

鶴見大学に比較文化研究所準備委員会が設置されて十余年、研究所が設立されて三年を越えて機も熟し、本シリーズの発刊の運びとなった。比較文化論は近年ブームともいえるほど出版されているが、その多くは思いつき程度の表面的な文化比較であり、学術的検証に耐えうるものは少ない。本シリーズは学術的検証に耐えつつ、啓蒙的教養書として平易に理解しやすい形で、知の文化的発信を行おうという試みである。大学およびその付属研究所の使命は、単に閉鎖された空間における学術研究のみにその使命があるのではない。ましてや比較文化研究が閉鎖されたものであって良いわけがない。広く社会にその研究成果を公表し、寄与することこそ最大の使命であろう。勿論、研究所のメンバーはそれぞれ機関誌や学術誌に各自の研究成果を発表しているが、本シリーズでより豊かな成果を社会に問うことを期待している。

二〇〇二年三月

鶴見大学比較文化研究所　所長　相良英明

比較文化研究ブックレット近刊予定

■『グレート・ギャツビー』の教室

深谷素子

F･スコット･フィッツジェラルドの『グレート･ギャツビー』が、20世紀に書かれた最も重要な小説のひとつであることは論を俟たない。英語圏は元より、日本の大学においても、アメリカ文学・文化論、あるいは英語授業のテキストとして頻繁に用いられてきた作品である。そうした背景を踏まえ、本書では、『グレート・ギャツビー』を使用した教育の方法、意義、効果を論じる。特に、大学に入るまでほとんど「本」を読んだ経験のない学生たちが、約100年前に書かれた異国の小説にどのように反応するのか、彼らはこの小説から何を学ぶのかに焦点を当てたい。

■フィリピンの土製焜炉

田中和彦

土製焜炉は、高床住居や船において、調理のために使用される道具である。その起源は南中国にあると考えられ、長江下流域の新石器時代の遺跡（紀元前5,000年）からすでに知られている。フィリピンでも新石器時代の遺跡（紀元前1,000年）から知られており、近年は、15世紀の沈没船などからも出土例が知られている。そこで、まず、フィリピンでの土製焜炉の出土例を時代ごとにまとめたい。

一方、フィリピンでは、現在も製作、使用されている道具でもある。そして、地域ごとに形態などがことなっている。そこで、このブックレットでは、筆者がフィリピン留学中に収集したフィリピン各地の資料を含めて、フィリピンにおける土製焜炉の地域的特徴についても概観したい。

比較文化研究ブックレット・既刊

No.1　詩と絵画の出会うとき

～アメリカ現代詩と絵画～　森　邦夫

ストランド、シミック、ハーシュ、３人の詩人と芸術との関係に焦点をあて、アメリカ現代詩を解説。

Ａ５判　57頁　定価630円（本体600円）
978-4-87645-312-2

No.2　植物詩の世界

～日本のこころ ドイツのこころ～　冨岡悦子

文学における植物の捉え方を日本、ドイツの詩歌から検証。民族、信仰との密接なかかわりを明らかにし、その精神性を読み解く！

Ａ５判　78頁　定価630円（本体600円）
978-4-87645-346-7

No.3　近代フランス・イタリアにおける悪の認識と愛

加川順治

ダンテの『神曲』やメリメの『カルメン』を題材に、抵抗しつつも〝悪〟に惹《ひ》かれざるを得ない人間の深層心理を描き、人間存在の意義を鋭く問う！

Ａ５判　84頁　定価630円（本体600円）
978-4-87645-359-7

No.4　夏目漱石の純愛不倫文学

相良英明

夏目漱石が不倫小説？　恋愛における三角関係をモラルの問題として真っ向から取り扱った文豪のメッセージを、海外の作品と比較しながら分かりやすく解説。

Ａ５判　80頁　定価630円（本体600円）
978-4-87645-378-8

比較文化研究ブックレット・既刊

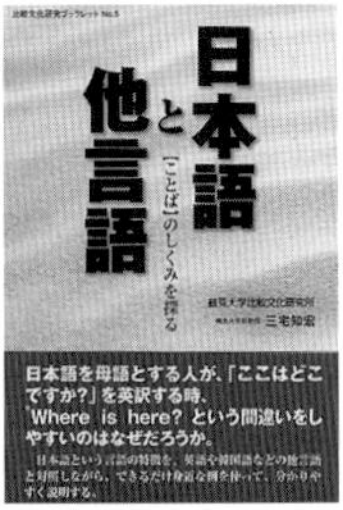

No.5 日本語と他言語

【ことば】のしくみを探る　三宅知宏

日本語という言語の特徴を、英語や韓国語など、他の言語と対照しながら、可能な限り、具体的で、身近な例を使って解説。

Ａ５判　88頁　定価630円（本体600円）

978-4-87645-400-6

No.6 国を持たない作家の文学

ユダヤ人作家アイザックB・シンガー　大﨑ふみ子

「故国」とは何か？　かつての東ヨーロッパで生きたユダヤの人々を生涯描き続けたシンガー。その作品に現代社会が見失った精神的な価値観を探る。

Ａ５判　80頁　定価630円（本体600円）

978-4-87645-419-8

No.7 イッセー尾形のつくり方ワークショップ

土地の力「田舎」テーマ篇　吉村順子

演劇の素人が自身の作ったせりふでシーンを構成し、本番公演をめざしてくりひろげられるワークショップの記録。

Ａ５判　92頁　定価630円（本体600円）

978-4-87645-441-9

No.8 フランスの古典を読みなおす

安心を求めないことの豊かさ　加川順治

ボードレールや『ル・プティ・フランス』を題材にフランスの古典文学に脈々と流れる“人の悪い人間観”から生の豊かさをさぐる。

Ａ５判　136頁　定価630円（本体600円）

978-4-87645-456-3

比較文化研究ブックレット・既刊

No.9　人文情報学への招待

大矢一志

コンピュータを使った人文学へのアプローチという新しい研究分野を、わかりやすく解説した恰好の入門書。

Ａ５判　112頁　602円(税別)
978-4-87645-471-6

No.10 作家としての宮崎駿

～宮崎駿における異文化融合と多文化主義～　相良英明

「ナウシカ」から「ポニョ」に至る宮崎駿の軌跡を辿りながら、宮崎作品の異文化融合と多文化主義を読み解く。

Ａ５判　84頁　602円(税別)
978-4-87645-486-0

No.11　森田雄三演劇ワークショップの18年

―Mコミュニティにおけるキャリア形成の記録―　吉村順子

全くの素人を対象に演劇に仕上げてしまう、森田雄三の「イッセー尾形の作り方」ワークショップ18年の軌跡。

Ａ５判　96頁　602円(税別)
978-4-87645-502-7

No.12　PISAの「読解力」調査と全国学力・学習状況調査

―中学校の国語科の言語能力の育成を中心に―　岩間正則

国際的な学力調査であるPISAと、日本の中学校の国語科の全国学力・学習状況調査。この2つの調査を比較し、今後身につけるべき学力を考察する書。

Ａ５判　120頁　602円(税別)
978-4-87645-519-5

比較文化研究ブックレット・既刊

No.13 国のことばを残せるのか

ウェールズ語の復興　松山明子

イギリス南西部に位置するウェールズ。そこで話される「ウェールズ語」が辿った「衰退」と「復興」。言語を存続させるための行動を理解することで、私たちにとって言語とは何か、が見えてくる。

Ａ５判　62頁　602円（税別）

978-4-87645-538-6

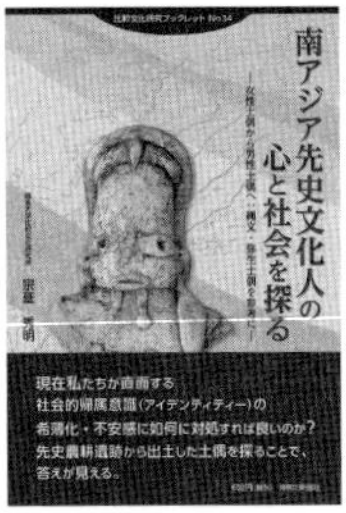

No.14 南アジア先史文化人の心と社会を探る

―女性土偶から男性土偶へ：縄文・弥生土偶を参考に―　宗臺秀明

現在私たちが直面する社会的帰属意識（アイデンティティー）の希薄化・不安感に如何に対処すれば良いのか?先史農耕遺跡から出土した土偶を探ることで、答えが見える。

A5判　60頁　602円（税別）

978-4-87645-550-8

No.15 人文情報学読本

―胎動期編―　大矢一志

デジタルヒューマニティーズ、デジタル人文学の黎明期と学ぶ基本文献を網羅・研修者必読の書。

A5判　182頁　602円（税別）

987-4-87645-563-8